Lyrikübersetzen

TransÜD
Arbeiten zur Theorie und Praxis des Übersetzens und Dolmetschens
Herausgegeben von Hartwig Kalverkämper
und Larisa Schippel

Band 4

PETER LANG
Frankfurt am Main · Berlin · Bern · Bruxelles · New York · Oxford · Wien

Mirjam Appel

Lyrikübersetzen

Übersetzungswissenschaftliche und
sprachwissenschaftliche Grundlagen
für ein Rahmenmodell
zur Übersetzungskritik

PETER LANG
Europäischer Verlag der Wissenschaften

Bibliografische Information Der Deutschen Bibliothek
Die Deutsche Bibliothek verzeichnet diese Publikation in der
Deutschen Nationalbibliografie; detaillierte bibliografische
Daten sind im Internet über <http://dnb.ddb.de> abrufbar.

Umschlagabbildung:
Die Moika
aus: Leningrad - St. Petersburg

Fotografien von Dieter Matthes
mit einem Essay von Karl Schlägel.
Argon-Verlag Berlin: 1991, S. 16

Gedruckt auf alterungsbeständigem,
säurefreiem Papier.

ISSN 1438-2636
ISBN 3-631-51163-9
© Peter Lang GmbH
Europäischer Verlag der Wissenschaften
Frankfurt am Main 2004
Alle Rechte vorbehalten.

Das Werk einschließlich aller seiner Teile ist urheberrechtlich
geschützt. Jede Verwertung außerhalb der engen Grenzen des
Urheberrechtsgesetzes ist ohne Zustimmung des Verlages
unzulässig und strafbar. Das gilt insbesondere für
Vervielfältigungen, Übersetzungen, Mikroverfilmungen und die
Einspeicherung und Verarbeitung in elektronischen Systemen.

Printed in Germany 1 2 3 4 6 7

www.peterlang.de

Meinen lieben Eltern gewidmet

Vorbemerkung

Kritische Betrachtungen der Übersetzung literarischer Werke sind Gegenstand der Literaturwissenschaft aber auch der Translationswissenschaft. Mitunter erreichen sie auch breitere Kreise der Öffentlichkeit, wenn etwa bei Buchpräsentationen oder Werbeaktionen der Verlage auch die Qualität literarischer Übersetzung Erwähnung findet. In aller Regel reicht sie dann allerdings nicht über lapidare Bemerkungen, wie ‚gut übersetzt' oder ‚kongenial' hinaus.

Eine translationswissenschaftlich fundierte Kritik steckt noch in den Kinderschuhen. Mit Katharina Reiss' Arbeit aus dem Jahre 1971 zu den „Möglichkeiten und Grenzen der Übersetzungskritik. Kategorien und Kriterien für eine sachgerechte Beurteilung von Übersetzungen" war ein Anfang gemacht, manche Arbeit folgte. Jedoch wird das Feld der übersetzungskritischen Betrachtungen weitgehend von Literaten, Literaturwissenschaftlern, den Übersetzern selbst und Philosophen beherrscht. Um die Kritik von Lyrikübersetzungen macht die Übersetzungswissenschaft weitgehend ein Bogen, oder schließt gar die „Lyrik aus der Allgemeinen Translationstheorie häufig aus [...], und bestimmte Fragen wie die nach der Äquivalenz zwischen A(usgangstext) und Z(ieltext) im Bereich der Lyrikübertragungen (werden) nicht gestellt". (Salevsky, Translationswissenschaft. Ein Kompendium, S. 597)

Mirjam Appel hat sich mit ihrer Entscheidung für einen lyrischen Text - die „Weide" von Anna Achmatova - und dessen beide Übersetzungen (Barbara Honigmann und Rainer Kirsch) auf ein schwieriges Terrain begeben, und - soviel sei vorweg genommen - ein schlüssiges Gesamtkonzept mit textübergreifenden und textbezogenen Kriterien für die Beurteilung dieser Übersetzungen erarbeitet.

Der Gesamtaufbau der Arbeit lässt den Erkenntnisfortschritt nachvollziehbar werden, wenn sie von der Klärung des zugrunde liegenden Textbegriffs – was ist ein Text, ein literarischer Text, ein lyrischer Text? – und der Diskussion des Übersetzungsbegriffs – was ist eine Übersetzung, eine literarische Übersetzung, eine lyrische Übersetzung? – zum Begriff des Sinns vordringt und damit die relevanten Faktoren für den Aufbau eines Rahmenmodells ausgliedert. Dabei diskutiert sie zentrale sprach- und translationswissenschaftliche Standpunkte (Jakobson, Trabant, Nord, Liedtke, Dedecius, Vermeer u.a.) und kommt ausgehend von der Übersetzungsdefinition von Vermeer zur Festlegung für den eigenen Gegenstandsbereich: „Für Gedichte ist es angebracht, von einem „Interpretationsangebot" (statt Informationsangebot – L.S.) zu sprechen. Wie das Original einen Interpretationsrahmen für den Übersetzer darstellt, bildet seine Übersetzung wiederum einen Interpretationsrahmen für den Leser." (S. XXX)

7

Für die Übersetzungskritik legt sie das übliche Drei-Phasen-Schema (Erfassen, Interpretation und Umsetzung der Vorlage) zu Grunde und entscheidet sich für den semantischen Ansatz der *scenes-and-frames*, dessen Produktivität für translationswissenschaftliche Fragestellungen bereits von Mary Snell-Hornby gezeigt werden konnte.

Dabei handelt es sich um eine Entscheidung, die für den weiteren Umgang mit den Texten (Original und Übersetzungen) von grundlegender Bedeutung ist: Sie ermöglicht, die Kulturbedingtheit der *scenes* und *frames* gebührend zu beachten und die Subjektivität von Interpretationen vor dem Hintergrund individueller Erfahrungen zum Interpretationsschlüssel werden zu lassen. Damit können aber auch biographische und zeitgeschichtliche Horizonte von Anna Achmatova organisch in das Interpretationsmodell einfließen wie auch die biographischen Faktoren und übersetzerischen Anliegen der Übersetzer. Auf diese Weise werden die subjektiven Lesarten der Autorin Achmatova, der Übersetzer Honigmann und Kirsch und der Kritikerin Appel intersubjektiv nachvollziehbar. Eine wesentliche Anforderung an die Übersetzungskritik allgemein, nämlich nach Transparenz der Kritik-Kriterien, wird auf diesem Wege eingelöst.

Das zentrale Ereignis der Gedichtinterpretation ist die Erzeugung von Stimmungen, wie Berthold Brecht es bereits in seinen Minimalanforderungen an eine gelungene Gedichtübertragung formulierte: „Die einfachste Forderung ist, dass ein Gedicht den Leser mit seiner Stimmung infizieren muss. Diese Ansteckung ist ein vager und noch nicht sehr viel besagender, sozusagen formeller Akt." (Brecht, Lyrik und Logik) Diese Ein-Stimmung erfasst M. Appel mit Hilfe von Elementen aus vier Bereichen: den lexikalischen *frames*, den formalen *frames*, den persönlichen Erfahrungen und Dispositionen sowie dem enzyklopädischen Wissen.

Die Struktur des Gedichts wird in sechs Teilszenen zerlegt und die jeweils erzeugten Stimmungsbilder abgeleitet. Hinreichend kritisch im Hinblick auf die eigenen Grenzen der Interpretation des fremdsprachigen Originals analysiert Mirjam Appel die Umsetzung der Teilszenen in den beiden Übersetzungen und gelangt über den Vergleich zu einer nachvollziehbaren Beurteilung der Übersetzungen.

In einer kritischen Schlussbetrachtung der erbrachten Ergebnisse schätzt die Autorin die Reichweite des von ihr erarbeiteten Modells ein und gibt gleichzeitig zu bedenken, „dass ein detailliert ausgearbeitetes Analysemodell nur für den jeweiligen Text Gültigkeit hat, dass die Singularität eines literarischen Textes ansonsten lediglich allgemeine, weit gefasste Orientierungslinien, eine Art methodischen Rahmen zulässt. Ein solches Modell setzt sich also aus wenigen allgemeingültigen und vielen gegenstandsbezogenen Komponenten zusammen." (S. XXX)

Gedichtübersetzungen können wohl zu den schwierigsten Übersetzungsarten gezählt werden. George Steiner vergleicht sie mit der Arbeit des Komponisten, der einen Text vertont: „Die Probe seiner kritischen Intelligenz und psychologischen Reaktionsfähigkeit, der sich der Komponist unterwirft, wenn er ein Gedicht auswählt und vertont, stimmt in jeder Hinsicht überein mit der Situation des Übersetzers. Beide Male fragen wir: ‚Hat er den Gedankengang, die emotionale Tönung, die formalen Besonderheiten, das historische Ambiente, die möglichen Ambiguitäten des Originals erkannt und verstanden? Hat er das Medium gefunden, in dem er alle diese Elemente darstellen und erhellen kann?' Die Mittel, die dem Komponisten zur Verfügung stehen – Tonart, Tonlage, Tempo, Rhythmus, Instrumentation, Modus -, entsprechen dem stilistischen Spielraum, den der Übersetzer hat. Die Spannungen, denen beide ausgesetzt sind, sind grundsätzlich analog." (George Steiner, Nach Babel)

Das Ergebnis dieses komplizierten, spannungsreichen Unternehmens liegt dem Leser in der Gedichtübersetzung vor und wird von ihm – meist ohne Kenntnis des Originals – beurteilt, angenommen oder auch zurückgewiesen. Diese Interpretationen und auch den Vergleich von Original und Übersetzung(en) durch eine Kritik zu ergänzen, die auf nachvollziehbaren Beurteilungskriterien beruht, ist das Anliegen einer Übersetzungskritik, wie sie im vorliegenden Band von Mirjam Appel unternommen wurde.

Larisa Schippel

Inhaltsverzeichnis

1. Zum Textbegriff	15
1.1. Was ist ein Text?	15
1.2. Was ist ein literarischer Text?	16
1.3. Was ist ein lyrischer Text?	17
2. Zum Übersetzungsbegriff	20
2.1. Was ist Übersetzen?	20
2.2. Was ist Literaturübersetzen?	23
2.3. Was ist Lyrikübersetzen?	24
3. Zum Lyrikübersetzen als Kunst	26
3.1. Der Lyrikübersetzer als Künstler	26
3.2. Raum und Begrenzung der künstlerischen Freiheit	27
3.2.1. Der "Sinn" als Begrenzung – Forderung nach Funktionsäquivalenz	28
3.2.2. Der Übersetzungszweck als Raum – Rolle des Skopos	33
4. Zur Wahl des Übersetzungsgegenstandes	35
4.1. Die Funktion des Übersetzens	35
4.2. Die Funktion des Gedichtübersetzens	36
5. Zum Übersetzungsvorgehen	37
5.1. Die Festlegung des Übersetzungszwecks / der Übersetzungsmethode	37
5.2. Die Phasen des Übersetzungsvorgehens	38
5.2.1. Die Erfassung der Vorlage	38
5.2.2. Die Interpretation der Vorlage	39
5.2.3. Die Umsetzung der Vorlage	41
6. Zur Übersetzungskritik	41
6.1. Die Aufgaben einer Übersetzungskritik	41
6.2. Die Aufgaben einer Übersetzungskritik in der Literatur	42
6.3. Die Aufgaben einer Übersetzungskritik beim Gedichtübersetzen	43

**7. Bereitstellung eines Instrumentariums zur Übersetzungskritik –
Die "*scenes-and-frames*"-Semantik**   44

7.1. Wesen der "*scenes-and-frames*"-Semantik   44

7.2. "*scenes-and-frames*"-Semantik und Übersetzen   45

7.3. Eignung des "*scenes-and-frames*"-basierten Ansatzes für die
Übersetzungskritik bei Lyrik   45

7.3.1. Zur Wirkungsäquivalenz   45

7.3.2. Zum Skopos   45

7.3.3. Zum Übersetzen als Kunst   45

7.3.4. Zur Darstellung des Interpretationsrahmens   46

8. "*Scenes-and-frames*"-Semantik und Übersetzungskritik   46

8.1. Zur Erfassung und Interpretation der Vorlage   47

8.1.1. Zum Suchen nach dem objektiven Sinn des Werkes   47

8.1.2. Zum Interpretationsstandpunkt des Übersetzers   49

8.1.3. Zur Übersetzungskonzeption   50

8.2. Zur Umsetzung der Vorlage   50

8.2.1. Der Vorgang der *frame*-Bildung   50

8.2.2. Die Kulturspezifik von *frames*   51

**8.2.3. Vogel ist nicht gleich Vogel oder: Dürfen Olivenhaine
zu Lindenbäumen werden? Ein Nachtrag zur "Exotisierung"**   52

**9. Darstellung "*scenes-and-frames*"-basierter Methoden der
Übersetzungskritik am Beispiel**   53

9.1. Anna Achmatova: "Iva" – Ausgangstextanalyse und Interpretation
(Szenenaufbau)   54

9.1.1. Informationen zu Autor und Werk   54

9.1.2. Zur Gesamt-*scene*   59

9.1.3. Zu den Teil-*scenes*   69

9.1.4. *Scene*-Struktur des Originals   70

9.2. Die Übersetzungen – Übersetzungsstandpunkt und
Übersetzungskonzeption   71

9.2.1. Zur Übersetzung von Rainer Kirsch   72

9.2.2. Zur Übersetzung von Barbara Honigmann   73

9.3. Gegenüberstellung der Teil-*scenes* von Original und Übersetzungen — 74

9.3.1. Zu *scene* 1 — 74
9.3.1.1. Die wörtliche Ebene (Betrachtung der lexikalischen *frames*) — 74
9.3.1.2. Die stilistische Ebene (Einbeziehung der formalen *frames*) — 76
9.3.1.3. Zusammenfassung - Teilstimmung 1 — 76
9.3.1.4. Vergleich des Originals mit den Übersetzungen — 81
9.3.1.5. Gegenüberstellung der Übersetzungen — 79

9.3.2. Zu *scene* 2 — 79
9.3.2.1. Die wörtliche Ebene (Betrachtung der lexikalischen *frames*) — 79
9.3.2.2. Die stilistische Ebene (Einbeziehung der formalen *frames*) — 79
9.3.2.3. Zusammenfassung - Teilstimmung 2 — 80
9.3.2.4. Vergleich des Originals mit den Übersetzungen — 81
9.3.2.5. Gegenüberstellung der Übersetzungen — 82

9.3.3. Zu *scene* 3 — 82
9.3.3.1. Die wörtliche Ebene (Betrachtung der lexikalischen *frames*) — 82
9.3.3.2. Die stilistische Ebene (Einbeziehung der formalen *frames*) — 83
9.3.3.3. Zusammenfassung - Teilstimmung 3 — 83
9.3.3.4. Vergleich des Originals mit den Übersetzungen — 83
9.3.3.5. Gegenüberstellung der Übersetzungen — 84

9.3.4. Zu *scene* 4 — 84
9.3.4.1. Die wörtliche Ebene (Betrachtung der lexikalischen *frames*) — 84
9.3.4.2. Die stilistische Ebene (Einbeziehung der formalen *frames*) — 85
9.3.4.3. Zusammenfassung - Teilstimmung 4 — 85
9.3.4.4. Vergleich des Originals mit den Übersetzungen — 85
9.3.4.5. Gegenüberstellung der Übersetzungen — 86

9.3.5. Zu *scene* 5 — 86
9.3.5.1. Die wörtliche Ebene (Betrachtung der lexikalischen *frames*) — 86
9.3.5.2. Die stilistische Ebene (Einbeziehung der formalen *frames*) — 86
9.3.5.3. Zusammenfassung - Teilstimmung 5 — 87
9.3.5.4. Vergleich des Originals mit den Übersetzungen — 87
9.3.5.5. Gegenüberstellung der Übersetzungen — 88

9.3.6. Zu *scene* 6 — 88
9.3.6.1. Die wörtliche Ebene (Betrachtung der lexikalischen *frames*) — 88

9.3.6.2. Die stilistische Ebene (Einbeziehung der formalen *frames*)	88
9.3.6.3. Zusammenfassung -Teilstimmung 6	89
9.3.6.4. Vergleich des Originals mit den Übersetzungen	89
9.3.6.5. Gegenüberstellung der Übersetzungen	90
9.4. Die Ebene des künstlerischen Ganzen	**90**
9.4.1. Die Gesamt-*scene* des Originals – Stimmungen und Erzählfunktionen	**90**
9.4.2. Die Gesamt-*scene* der Übersetzung von Rainer Kirsch im Vergleich zum Original	**94**
9.4.3. Die Gesamt-*scene* der Übersetzung von Barbara Honigmann im Vergleich zum Original	**97**
10. Schlussbemerkung	**100**

1. Zum Textbegriff

1.1. Was ist ein Text?

Um die Spezifik von Lyrikübersetzung gegenüber der Übersetzung von anderen Texten klar herausstellen zu können, muss vorerst geklärt werden, was ein Text eigentlich ist und was konkret unter einem literarischen Text, noch konkreter unter einem lyrischen Text verstanden wird.

In der Linguistik wurde ursprünglich jegliche "syntaktische Dimension jenseits des Satzes" als Text bezeichnet (Trabant 1998, 54). Jürgen Trabant hat den traditionellen Textbegriff, der außerdem nur das "schriftliche Vorkommen von Sprache" umfasst, erweitert. Er bezeichnet als Text jede Sprachäußerung, die als "kommunikative Einheit" auftritt. (Trabant 1998, 59).Texte sind nach seinem Verständnis "als Zeichen, d.h. als kommunikative Handlung vorkommende Sprache". (Trabant 1998, S. 61). In dieser Definition wird der Zusammenhang herausgestellt zwischen Text und Sprache einerseits und Text und Kommunikation andererseits. Ein Text ist geäußerte Sprache und dient der Kommunikation. Nach Christiane Nord erhält der Text seine kommunikative Funktion in der konkreten Rezeptionssituation. (Nord 1993, S.9). Roman Jakobson nennt die emotive, referentielle, poetische, phatische, metasprachliche und konative Funktion. (Jakobson 1972, 109). Nord unterscheidet vier Grundfunktionen der Kommunikation, die sie u.a. aus den sechs von Roman Jakobson ermittelten Funktionen herleitet:
- Mitteilung über die Gegenstände und Erscheinungen der außersprachlichen Welt (= referentielle oder Darstellungsfunktion)
- Ausdruck der Einstellung des Senders zu den Gegenständen und Erscheinungen der Welt (expressive oder Ausdrucksfunktion)
- Appell an den Empfänger (= operative oder Appellfunktion)
- Herstellung, Aufrechterhaltung und Beendigung von Kontakt (= phatische Funktion).(Nord 1993, S.10).

Die metasprachliche Funktion Jakobsons wird der referentiellen Funktion und die poetische der appellativen Funktion untergeordnet. Die appellative Funktion stammt von Bühlers Organonmodell. (Nord 1997, 40). Die Rezeptionssituation, die entsprechend des funktionalen Ansatzes die Funktion eines Textes mitbestimmt, ergibt sich aus der textexternen spezifischen Konstellation von
- Sender/Senderrolle
- Senderintention
- Empfänger
- Empfängererwartung
- Medium
- Ort
- Zeit

- Anlass einer kommunikativen Handlung.(Nord 1993, 9).
Genau das hat auch Trabant im Blick, wenn er schreibt:

> Der Blick über die Satzgrenze hinweg führt gleichsam notwendigerweise über das Stück Sprache hinaus auf die bezeichnete Welt und zu denjenigen, die es produzieren und rezipieren, und damit zu der gesamten kommunikativ-pragmatischen Konstellation, in der jenes "Text" genannte Stück Sprache erscheint (Trabant 1998, S.55).

Somit komme ich zu folgender Definition von Text:

> Ein Text ist geäußerte Sprache und dient der Kommunikation. In der jeweiligen Rezeptionssituation erhält er seine spezifischen kommunikativen Funktionen.

1.2. Was ist ein literarischer Text?

Der nächste Schritt der Annäherung an den Begriff "lyrischer Text" ist die Definition des übergeordneten Begriffes "literarischer Text". Christiane Nord, der es um das funktionale Textverständnis gerade auch in der Literatur geht, spricht davon, dass für literarische Texte allgemein angenommen wird, sie seien durch "eine funktionale Vagheit oder auch eine Multifunktionalität bzw. Offenheit für die verschiedensten Funktionen" ausgezeichnet. (Nord 1997, 40).

Jürgen Trabant nennt literarische Texte "ästhetische Gebilde". (Trabant 1998, 49). Das Wesen des Ästhetischen sieht er im "Suspendieren der lebenspraktischen Zusammenhänge zum Zwecke einer Betrachtung des Gegenstandes als solchen, die wir ästhetische Kontemplation nennen,...". (Trabant 1998, S.50). Dazu schreibt er weiter:

> in bezug auf Literatur also, könnte man diese Haltung 'verstehendes Anschauen' nennen, um die Differenz gegenüber der Zeichenrezeption zu markieren, die einfach 'Verstehen' heißt. (Trabant 1998,50).

Er unterscheidet also zwischen der Rezeption von Texten allgemein, die er "Verstehen" nennt und der Rezeption literarischer Texte, die er "verstehendes Anschauen" nennt. Das Herausgehobensein des literarischen Textes aus den lebenspraktischen Zusammenhängen und daraus folgend seine Bestimmung zum "verstehenden Anschauen", zur "ästhetischen Kontemplation", sei auch Grund für die sprachliche Freiheit von Literatur:

> Er [der literarische Text] ist durch seine pragmatische Spezifität nämlich einfach frei gegenüber den Einschränkungen, die das praktische Leben der sprachlichen Kreativität auferlegt. (Trabant 1998, 51).

Damit wird die allgemeine Definition von "Text als "geäußerte Sprache mit kommunikativer Funktion" keinesfalls außer Kraft gesetzt:

> Auch die ästhetischen Handlungen sind [...] kooperative Handlungen, mit denen einer dem anderen etwas zu verstehen gibt. Auch das Kunstwerk will gelesen, betrachtet, gehört werden. (Trabant 1998, 49).

Jakobson nennt die Funktion der Betrachtung eines Textes als Kunstwerk "poetische Funktion":

> Poetik beschäftigt sich hauptsächlich mit der Frage: Was macht aus einer sprachlichen Nachricht ein Kunstwerk? (Jakobson 1972, 100).

Das führt zu folgender abschließender Definition:

> Ein literarischer Text ist ein aus dem praktischen Lebenszusammenhang herausgehobener Text, der deshalb vorrangig poetische Funktion besitzt, somit für das "verstehende Anschauen" bestimmt ist. Daraus folgt, dass er sprachlich besonders frei gestaltet werden kann.

1.3. Was ist ein lyrischer Text?

Um die Verbreitung des Begriffes und des Verständnisses von Lyrik in Deutschland machte sich insbesondere Johann Adolf Schlegel verdient. Er sieht Lyrik als die Kunstform, in der menschliches Empfinden direkt und unverfälscht ausgedrückt wird:

> Sobald sich die Konzeption der Lyrik als einer einheitlichen Gattung in Deutschland durchzusetzen beginnt, ist sie also verknüpft mit der Vorstellung, sie sei das adäquate Medium eines unmittelbaren Gefühlsausdrucks des Autors. (Burdorf 1995, 4).

Im 19. Jahrhundert wurde die Tradition des Lyrikverständnisses vor allem durch Johann Gottfried Herder geprägt:

> Der Gattungsbegriff 'Lyrik' wird eingeengt auf eine bestimmte Aussagenstruktur und damit auch auf bestimmte Inhalte. Lyrik ist demzufolge unmittelbarer Ausdruck der Innerlichkeit, der Subjektivität des Autors. Der Kernbereich der Lyrik ist das Lied; in der sich aus dem Gefühlsüberschwang zwanglos ergebenden Rhythmisierung nähert sich die Sprache des Gedichts der Musik, selbst wenn keine Vertonung vorliegt. (Burdorf 1995, 5).

Das Bemühen, lyrische Texte über Form und Inhalt zu definieren, wurde mit zunehmender dichterischer Freiheit ein immer müßigeres Unterfangen:

> In der Lyrik der Moderne [...] wurde nicht nur dieses eingeschränkte Bild von Lyrik als Erlebnis- und Stimmungsdichtung verworfen, sondern es wurden Zug um Zug sämtliche Grundannahmen über das, was ein Gedicht und was Lyrik ist, in Frage gestellt, insbesondere die Orientierung an der Musik (Sangbarkeit) und – damit eng zusammenhängend - die Versstruktur von Lyrik. (Burdorf 1995, 5).

Die Festlegung sowohl inhaltlicher Kriterien (Erlebnis – und Stimmungsdichtung) als auch formaler Kriterien (Versstruktur) wurde immer weniger streng gehandhabt. Dieter Burdorf geht in seiner "Einführung in die Gedichtanalyse" auch auf funktionale Ansätze ein. Dabei verweist er vor allem auf Roman Jakobson. (Burdorf 1997, 9). Jakobson spricht von der "poetischen Funktion in Dichtung, wo diese Funktion die anderen Sprachfunktionen überlagert, [...]" (Jakobson 1972, 111).

> Doch wodurch manifestiert sich Poetizität? – Dadurch, dass das Wort als Wort und nicht als bloßer Repräsentant des benannten Objekts oder als Gefühlsausdruck empfunden wird. Dadurch, dass die Wörter und ihre Zusammensetzung, ihre Bedeutung, ihre äußere und innere Form nicht nur indifferenter Hinweis auf die Wirklichkeit sind, sondern eigenes Gewicht und selbständigen Wert erlangen. (Jakobson 1979,79).

Damit sind wir wieder bei der Rezeptionsauffassung angelangt, die für alle literarischen Texte gilt: die Betrachtung von Sprache als Kunstwerk. Bei Poetizität geht es in Bezug auf Lyrik also um ein graduelles Merkmal: Was für literarische Texte gilt, gilt ganz besonders für die Lyrik. Jakobson fügt hinzu, dass bei Lyrik zur poetischen noch die expressive Funktion hinzutritt. (Jakobson 1979, 94). Diese definiert er folgendermaßen:

> Die sogenannte emotive oder 'expressive' Funktion, mit der Einstellung auf den Sender, zielt auf den direkten Ausdruck der Haltung des Sprechers demgegenüber wovon er spricht. Sie versucht, den Eindruck eines bestimmten Gefühls hervorzurufen, gleichgültig ob eines vorgegebenen oder wirklichen... (Jakobson 1979, 104).

Damit hat nach Burdorf Jakobson die "subjektivistische Lyrikvorstellung" Herders übernommen. (Burdorf 1995,10).

Bei seinen weiteren Ausführungen zum Lyrikbegriff verlässt Burdorf wieder die funktionale Ebene. Er sieht den Schwachpunkt des funktionalen Ansatzes darin, die lyrische Sprachverwendung, d.h. die der Gedichte, nicht hinreichend deutlich von allgemein poetischer Sprachverwendung, d.h. die literarischer Texte insgesamt abheben zu können. (Burdorf 1995, 10). Auf der Suche nach dem, was allein lyrischer Sprachverwendung inhärent ist, kommt er zurück auf formale Kriterien. Er kommt zu dem Schluss:

> Das einzige eindeutig feststellbare Merkmal, das den größten Teil der heute als Gedichte bezeichneten Texte auszeichnet, ist die Versstruktur. (Burdorf 1995, 11).

Trotz der Abstriche hinsichtlich einer eindeutigen Definition der Gattung Gedicht, die Burdorf selbst einräumt, erkennbar an Formulierungen wie "der größte Teil der heute als Gedicht bezeichneten Texte", kommt er zu folgendem Fazit:

> Jedes Gedicht hat per definitionem die folgenden Eigenschaften:
> Es ist eine mündliche oder schriftliche Rede in Versen, ist also durch
> zusätzliche Pausen bzw. Zeilenbrüche von der normalen rhythmischen oder
> graphischen Erscheinungsform der Alltagssprache abgehoben.
> (Burdorf 1995, 21)

Was den Begriff "lyrischer Text" betrifft, entscheidet er sich für den alltagssprachlichen Gebrauch, verwendet ihn also als Synonym zu "Gedicht". Es sei sinnvoll,

> die Begriffe 'Lyrik' und 'lyrisch' – dem heutigen alltagssprachlichen
> Gebrauch entsprechend – nicht vom Begriff 'Gedicht' zu trennen [...] Als
> Ergebnis des kritischen Durchgangs durch neuere gattungspoetische
> Definitionsversuche kann festgehalten werden: Lyrik ist die literarische
> Gattung, die alle Gedichte umfasst. (Burdorf 1995, 20).

In meinen weiteren Ausführungen werde ich ebenfalls "lyrischer Text" und "Gedicht" synonymisch gebrauchen. Die Definition von Gedicht werde ich jedoch nicht unverändert von Burdorf übernehmen.

Zur Klärung des Textbegriffes habe ich durchweg Vertreter des funktionalen Ansatzes bezüglich der Betrachtung von Sprache zitiert. So werde ich in die Gedichtdefinition Burdorfs auch den Begriff der Funktion einbringen. Burdorf selbst spricht von einer "Funktionslosigkeit" von Gedichten:

> Gedichte sind wie jede Art von Literatur sprachliche Gebilde. [...] sie sind
> wegen ihres Überhangs an sprachlichen Mitteln und der Vernachlässigung der Zwecke
> zunächst unnütz. Zugleich konzentrieren sie sich auf sich selbst: Die Verseinschnitte,
> die Figuren von Wiederholung und Variation (z. B. Reim, Refrain, Versmaß) lenken
> die Aufmerksamkeit der Lesenden und Hörenden auf das sprachliche Material selbst;
> die Funktionslosigkeit des Gedichts und die damit verbundene gesellschaftliche
> Isolation seines Autors oder seiner Autorin sind bevorzugte Themen von Gedichten.
> (Burdorf 1995, 22).

Implizit nennt Burdorf hier genau die beiden dominanten Funktionen von lyrischen Texten, die Jakobson beschreibt. Das Lenken der Aufmerksamkeit der Lesenden und Hörenden auf das sprachliche Material selbst ist das, was Jakobson unter poetischer Funktion versteht, indem er schreibt, dass Poetizität sich dadurch manifestiert, dass Zusammensetzung, Bedeutung und Form von Wörtern "eigenes Gewicht und selbständigen Wert erlangen." (Jakobson 1979, 79).

Indem Burdorf die "gesellschaftliche Isolation seines Autors oder seiner Autorin" als bevorzugtes Thema von Gedichten nennt, macht er deutlich, dass häufig die "Haltung des Sprechers demgegenüber, wovon er spricht" (Jakobson 1972 104) direkt zum Ausdruck kommt. Hier findet sich die expressive Funktion nach Jakobson wieder.

Burdorfs Definition von Gedichten, verbunden mit der funktionalen Komponente lyrischer Texte nach Jakobson führt zu folgender Begriffsbestimmung:
Ein lyrischer Text hat die folgenden Eigenschaften:
- Er ist eine mündliche oder schriftliche Rede in Versen, ist also durch zusätzliche Pausen bzw. Zeilenbrüche von der normalen rhythmischen oder graphischen Erscheinungsform der Alltagssprache abgehoben.
- Er hat hauptsächlich poetische Funktion, verbunden mit der expressiven Funktion.

2. Zum Übersetzungsbegriff

2.1. Was ist Übersetzen?

Übersetzen bewegt sich immer im Spannungsfeld zwischen zwei Sprachen mit ihren spezifischen formalen und semantischen Strukturen. Diese Unterschiede in den Strukturen machen es unmöglich, einfach Element für Element eines ausgangssprachlichen Textes in der Zielsprache zu ersetzen. So schreibt Frank Liedtke:

> Sprachverschiedenheit impliziert Bedeutungsheterogenität, und somit ist es Anrennen gegen Windmühlenflügel, wollte man die Bedeutungsstrukturen zweier Sprachen angleichen. (Liedtke 1997, 23).

Liedtke unterscheidet in seinem Aufsatz: "Übersetzen in funktionaler Sicht" zwei Perspektiven für den Aufbau einer Übersetzungsdefinition, die personenorientierte oder auch handlungs- und kommunikationstheoretische und die systemorientierte. Er selbst sieht sich als Vertreter der ersteren, obwohl er im oben angeführten Zitat vom Sprach**system** her gegen eine Bedeutungsäquivalenz als Übersetzungsziel argumentiert. So hat sein Zitat denn auch große Ähnlichkeit mit folgender Äußerung Eugene Nidas, einem klassischen Vertreter der systemorientierten Übersetzungswissenschaft:

> Since no two languages are identical, either in the meanings given to corresponding symbols or in the ways in which such symbols are arranged in phrases and sentences, it stands to reason that there can be no absolute correspondence between languages. Hence there can be no fully exact translations. (Nida 1964, 156).

Der Ausdruck "no fully exact translations" wird verständlich, wenn man sich das Übersetzungsverständnis der systemorientierten oder auch strukturell verfahrenden Übersetzungstheoretiker vergegenwärtigt. Vertreter dieser Richtung sehen "als entscheidende Größen des Definiens" das "Verhältnis des originalsprachlichen Textes zu seinem zielsprachlichen Pendant". (Liedtke 1997, 18). Je mehr also ein übersetzter Text auf allen sprachlichen Ebenen strukturell dem Original entspräche, desto gelungener sei eine Übersetzung. Nida kommt nun zu dem Schluss, dass eine völlige Übersetzung, also eine strukturelle Gleichheit zwischen Original und Übersetzung unmöglich ist. Aus dieser Erkenntnis erschließt sich, dass Übersetzen in gewisser Weise immer die Entscheidung beinhaltet, sich entweder vorrangig an der Sprachstruktur des Originals zu orientieren oder an der Struktur der Sprache, in der die Übersetzung produziert werden soll. Entfernt man sich strukturell zu weit vom Original, kann einem unter systemischem Gesichtspunkt schnell Untreue gegenüber dem Autor vorgeworfen werden. Bleibt man zu nah am Original, ist der übersetzte Text für den Rezipienten möglicherweise schwer verständlich.

Hier setzt die handlungs- und kommunikationstheoretische Perspektive an. Uns scheint nämlich intuitiv klar zu sein, dass ein Text nur dann "Sinn" hat, wenn er auch verstanden wird. Das gilt natürlich auch für übersetzte Texte. Erinnern wir uns an die eingangs formulierte Definition von "Text":

> Ein Text ist geäußerte Sprache und dient der Kommunikation. In der jeweiligen Rezeptionssituation erhält er seine spezifischen kommunikativen Funktionen.

Die Frage: „Wozu dient ein Text?" führt unmittelbar zu der Frage: Wozu übersetze ich einen Text? Bedeutungsäquivalenz als Ziel wird sowohl systemtheoretisch (da unmöglich) als auch kommunikationstheoretisch (da unmöglich und, wie sich zeigen wird, unnötig) ausgeschlossen. Frank Liedtke schlägt vor,

> sich die Tätigkeit des Übersetzens so vorzustellen, dass als Leitstern des Übersetzers die Figur des Lesers fungiert, der den Text To in der Originalsprache liest und versteht. Als Basis der Wahl sprachlicher Mittel in der Zielsprache ist dann angefangen bei der Morphosyntax bis hin zu Stilmitteln die Annahme leitend, dass der Leser von Tz genau das versteht, was der fiktive Leser des originalsprachlichen Textes To versteht. (Liedtke 1997, 19).

Wie kann nun eingeschätzt werden, ob das Ziel eines so definierten Übersetzens erreicht wurde? Oder, um mit Frank Liedtke zu fragen:

> Welchen Maßstab für relevante Ähnlichkeit haben wir, um beurteilen zu können, ob ein Text eine gelungene Übersetzung eines anderen Textes ist? (Liedtke 1997, 23).

Darauf antwortet er selbst:

> Es werden keine Aussagen mehr über Bedeutungskonvergenz oder –divergenz gemacht, sondern Aussagen darüber, welche kommunikativen Effekte Texte und Bestandteile von Texten haben. In dieser Perspektive ist man nicht gezwungen, Übersetzung als Versand von semantischen Päckchen zu modellieren, sondern man kann die Textproduktion des Übersetzers als Produktion eines in der Zielsprache ganz und gar beheimateten, allerdings mit Blick auf äquivalente kommunikative Effekte verfertigten Textes auffassen. (Liedtke 1997, 24).

Die relevante Ähnlichkeit liegt in der Ähnlichkeit kommunikativer Effekte. Zum gleichen Übersetzungsziel, der Herstellung von Äquivalenz in den kommunikativen Effekten, gelangt auch Nida, wenn auch auf anderem Wege. Liedtke führt allein schon sein kommunikationstheoretischer Ansatz zu diesem Schluss. Nida erläutert zuerst die Unmöglichkeit der Herstellung von Bedeutungsäquivalenz, um sich dann auf die Suche nach einem neuen Ziel des Übersetzens zu begeben.

Er nennt dies "dynamic equivalence". Bei der Erläuterung dieses Begriffes spricht er wie Liedtke von "Effekten":

> [...] a translation which attempts to produce a dynamic [...] equivalence is based upon 'the principle of equivalent effect' /.../ (Nida 1964, 159).

Frank Liedtke verwendet den Begriff "**kommunikative Effekte**" synonymisch zu "propositionale Einstellungen" und "Einstellungstypen" (Liedtke 1997, 24). Er unterscheidet die epistemische, volitive und emotive Einstellung. Diese Einstellungen sind in den von Christiane Nord genannten **kommunikativen Funktionen** von Texten integriert. Die epistemische Einstellung (etwas für wahr halten) findet sich in der referentiellen Funktion wieder, die volitive (etwas für erstrebenswert halten) in der appellativen Funktion und die emotive (etwas als schön beurteilen) entspricht der expressiven Funktion. "Effekt" und "Funktion" können demnach hier gleichgesetzt werden. Nord schlägt nun vor,

> die im Ausgangstext festgestellten qualitativen und quantitativen Merkmale nicht isoliert zu betrachten (und zu übersetzen), sondern sie, soweit möglich, den kommunikativen Funktionen zuzuordnen und dadurch Funktionselemente oder ‚Funktionszüge' [...] herauszuarbeiten, die sich aus der Kombination verschiedener, der gleichen Funktion oder Subfunktion zuzuordnender [...] Merkmale ergeben. Diese Funktionszüge müssten dann die Übersetzungseinheiten sein." (Nord 1997, 40).

Nord weist darauf hin, dass nicht immer Funktionsäquivalenz das Ziel einer Übersetzung sein kann:

> Bei diesem Verständnis von Übersetzen werden Zieltexte, die nicht der Forderung nach Äquivalenz genügen, grundsätzlich aus dem Bereich der 'eigentlichen' Übersetzung ausgegrenzt, so z.B. Interlinearversionen, 'wörtliche Übersetzungen' [...] und 'philologische Übersetzungen [...], weil sie zu treu bestimmte Einzelaspekte des Originals reproduzieren – Adaption, Nachdichtung und Bearbeitung dagegen, weil sie sich 'zu frei' vom Original entfernen." (Nord 1991, 26).

Unter kommunikationstheoretischem Aspekt haben aber alle diese Übersetzungen ihre Berechtigung. Nord subsumiert sie unter dem Begriff "Translation". Um sich für einen Translationstyp zu entscheiden, muss zunächst geklärt werden, was der Zweck (Skopos) des übersetzten Textes ist:

> Wenn der Skopos Funktionswechsel vorsieht, kann nicht mehr Fidelität zum AT, sondern muss Adäquatheit gegenüber dem Skopos gefordert werden. (Nord 1991, 27).

Nord kommt zu folgender abschließenden Definition von "Translation":

> Translation ist die Produktion eines funktionsgerechten Zieltextes in einer je nach der angestrebten oder geforderten Funktion des Zieltextes (Translatskopos) unterschiedlich spezifizierten Anbindung an einen vorhandenen Ausgangstext. Durch die Translation wird eine kommunikative Handlung möglich, die ohne sie auf Grund vorhandener Sprach- und Kulturbarrieren nicht zustande gekommen wäre.
> (Nord 1991, 31).

2.2. Was ist Literaturübersetzen?

Gerade bei der Übersetzung von Literatur ist der übersetzte Text in seiner funktionalen Ausrichtung stark an die Funktionen des Originals gebunden:

> Im ganzen betrachtet sind literarische Texte [...] 'heilige Originale'.
> (Albrecht 1998, 260).

Mit dem Ausdruck "heilige Originale" verweist Albrecht auf zweierlei. Erstens hält er bei Literaturübersetzung einen Funktionswechsel für unangemessen. Die Funktion des zielsprachigen Textes sollte weitgehend der des ausgangssprachlichen Textes entsprechen. Zweitens muss die Funktion des ausgangssprachlichen Textes vor allem aus dem Text selbst erschlossen werden. (Albrecht 1998, 259).

Die Problematik der Funktionserschließung bei literarischen Texten wird auch von Nord thematisiert. Sie spricht von der Senderintention, also der intendierten Textfunktion. (Nord 1993, 10). Bei literarischen Texten seien die Senderintentionen nicht konventionalisiert:

> Bei solchen Texten muss gegebenenfalls auch der Lebenslauf des Autors, die für sein Werk bestimmenden Ereignisse oder Daten, seine übrigen Werke oder seine literaturgeschichtliche Einordnung in Betracht gezogen werden. (Nord 1991, 56).

An anderer Stelle heißt es:

> [...] bei literarischen Texten sind die situativen Merkmale so undeutlich, dass die Funktion im allgemeinen aus den textinternen Merkmalen erschlossen werden muss, [...]. (Nord 1997, 39).

So kann eine Literaturübersetzung wie folgt definiert werden:

> Eine Literaturübersetzung ist ein Text, der sich in hohem Maße an den Funktionen des Originals ausrichtet ("heiliges Original"), welche vor allem aus textinternen Merkmalen sowie aus Informationen über den Autor und seine Zeit hergeleitet werden müssen.

2.3. Was ist Lyrikübersetzen?

Da das Erschließen von Textfunktionen aus textinternen Merkmalen, wie das bei literarischen Texten erforderlich ist, "nur mit Hilfe individueller Erfahrungen und Vorentscheidungen möglich ist, kommt es zu dem Phänomen, dass verschiedene Leser (oder sogar einzelne Leser zu verschiedenen Zeiten ihres Lebens) demselben Text unterschiedliche Funktionen zuschreiben." (Nord 1997, 39). Es kann sich bei der Frage nach den Funktionen eines literarischen Textes also nur um eine scheinbar objektive Frage handeln. Hier gilt wieder: Was für literarische Texte gilt, gilt für Gedichte erst recht.

Albrecht behauptet, dass die Frage: "Was *will* der Dichter uns damit sagen?" heute nur noch ironisch gestellt wird. (Albrecht 1998, 260). Zur Illustration der Unsinnigkeit dieser Frage zitiert er Benjamin:

> Nirgends erweist sich einem Kunstwerk oder einer Kunstform gegenüber die Rücksicht auf den Aufnehmenden für deren Erkenntnis fruchtbar. [...] Denn kein Gedicht gilt dem Leser, kein Bild dem Beschauer, keine Symphonie der Hörerschaft. (Benjamin 1955, 40).

Als Alternative schlägt deshalb Albrecht vor, sich die Frage zu stellen:
"Was *hat* der Dichter (der Text) uns zu sagen?". Diese Frage soll von den Lesern des Originals gestellt werden. Somit würde sie sich auch ein Übersetzer stellen, der ein Gedicht im Original vor sich hat. Was hat das nun aber für Konsequenzen für sein übersetzerisches Vorgehen? Albrecht fährt fort:

> Die Verschiebung der Perspektive, die der Übergang von der ersten zur zweiten Frage mit sich bringt, scheint mir auch für den Übersetzer literarischer Texte von Bedeutung. Er sollte die Entscheidung darüber, welche Funktion zu einem gegebenen Zeitpunkt dem Translat, dem übersetzten Text zukommen könne, so weit wie möglich seinen Lesern überlassen. (Albrecht 1998, 261).

Das würde bedeuten, dass der Übersetzer zwar für sich persönlich die Funktion eines Gedichtes festlegen kann, diese aber nicht den Lesern seiner Übersetzung vorschreiben darf. Damit befände sich der Übersetzer in einem nicht zu lösenden Widerspruch. Schließlich muss er interpretieren, um zu übersetzen.

Christian Schmitt macht in seinem Aufsatz "Form und rhetorische Figur als Übersetzungsproblem" auf eine andere Schwierigkeit aufmerksam, die speziell beim Gedichtübersetzen auftritt. Er spricht von **formgebundenen** Texten. Eigentlich, so schreibt er, sei es überflüssig zu betonen, dass nicht Formen, sondern Inhalte übersetzt werden. Da nun sprachliche Zeichen arbiträr sind, müsse Übereinstimmung zwischen einem ausgangssprachlichen und einem zielsprachlichen Zeichen eher als Zufall gewertet werden. Dennoch werde in der Praxis immer wieder das Wagnis eingegangen,

> Äquivalente zu formgebundenen Texten wie Textsegmenten zu finden; dies ist zum Beispiel der Fall bei der Übersetzung von Lyrik, [...] wo 'von der Übersetzungskunst die Rede' [ist]. [...] und so wird die Übersetzung zum 'eigenen Kunstwerk – des Übersetzers'. (Schmitt 1997, 141).

Gesteht man einer Gedichtübersetzung künstlerischen Eigenwert zu, muss auch diese als Kunstwerk, nämlich als Kunstwerk des Übersetzers betrachtet werden. Damit scheint sich eine Lösung für den Widerspruch abzuzeichnen, der darin besteht, dass ein Übersetzer zwar interpretieren muss, um zu übersetzen, seine Interpretation aber nicht den zielsprachlichen Lesern aufzwingen soll. Gedichte zeichnen sich gerade auf Grund ihrer poetisch-expressiven Funktion und Formgebundenheit durch nicht festgelegte Funktionalität aus. Gedichte wollen "verstehend angeschaut" werden, wie es Trabant ausdrückt. Das trifft auch für die Übersetzung zu, vor allem wenn sie wieder ein Gedicht ist. Die Tatsache, dass der Übersetzer das ausgangssprachliche Gedicht für sich interpretiert hat, und das Zugeständnis, dass das von ihm geschaffene Translat ein Kunstwerk ist, welches einen Eigenwert besitzt, macht deutlich, dass die Leser eines übersetzten Gedichtes nicht die Frage stellen dürften: "Was hat der **Dichter** uns zu sagen?", sondern "Was hat der **Übersetzer** uns zu sagen?" In letzter Konsequenz bedeutete dies, dass der Übersetzer dem Original nicht treu sein muss, ja überhaupt nicht treu sein kann.

Die erste Frage, die nach der Intention des Dichters, wird aber doch auch beim Lesen übersetzter Gedichte gestellt. Beim Lesen einer Übersetzung denkt man gewöhnlich an den Autor des Originals und nicht an den Übersetzer. Bevor ich genauer auf die Verpflichtung / Nicht–Verpflichtung eines Übersetzers gegenüber dem Original eingehe, gebe ich zunächst eine allgemeine Definition von Lyrikübersetzen:

> Lyrikübersetzen ist das Übersetzen eines zumeist formgebundenen, lyrischen Textes. Nach dem Prinzip der Funktionsäquivalenz wird in der Übersetzung die vorrangig poetische Funktion gewahrt. Die Übersetzung

ist ein eigenständiges Kunstwerk und in der Regel ebenfalls formgebunden. Auf Grund der Poetizität beruht die Textfunktion auf der Interpretation durch den Übersetzer sowie durch jeden einzelnen Leser des Originals und / oder der Übersetzung.

Was heißt es nun, Gedichte als heilige Originale zu behandeln? Wie steht es mit der bereits genannten Forderung an den Übersetzer, alles nur Mögliche über den Autor und seine Zeit in Erfahrung zu bringen, um die Funktion möglichst "richtig" zu erschließen? Wozu all die Mühe, wenn man doch sein eigenes Kunstwerk schafft, ja sogar schaffen soll?

3. Zum Lyriküberpsetzen als Kunst

3.1. Der Lyrikübersetzer als Künstler

Bleiben wir bei dem Bild des Kunstwerkes. Die Zuerkennung eines künstlerischen Eigenwertes lyrischer Übersetzungen ist nicht neu. Damit verbunden ist vor allem die Betonung der Form. So bezeichnete August Wilhelm Schlegel die Übersetzung von Dichtung in Prosaform als "poetischen Totschlag". (Dedecius 1986, 58). Daneben gab und gibt es Theoretiker, wie beispielsweise Benedetto Croce, die auf Grund ihrer Auffassung von Kunst das Lyriküberpsetzen für gänzlich unmöglich halten. Für sie hat ein übersetztes Gedicht ausschließlich Originalcharakter. Die Frage nach der Beziehung zum Original wäre ihm zufolge überflüssig. Diese Argumentation für die Unübersetzbarkeit von Lyrik entkräftet Dedecius, indem er anführt, dass ja auch jeder Leser einmalig ist:

> Croces Logik folgend wären Kunstwerke von vornherein dazu verurteilt, keinerlei öffentliche Funktion zu erfüllen, in ihrer Absicht, niemals begriffen zu werden. Das Gegenteil kommt aber vor, ist also möglich. (Dedecius 1986, 94).

Welche öffentliche Funktion erfüllt die Übersetzung eines Gedichtes als Kunstwerk, wie sieht das Verhältnis aus zwischen Original und Übersetzung, zwischen dem Dichter als Künstler und dem Übersetzer als Künstler? Dazu schreibt Dedecius:

> Die Inspiration des Autors ist das Naturerlebnis, die Inspiration des
> Übersetzers das Kunsterlebnis. Beide müssen für beides überzeugende Mittel finden. Der Autor tut es kraft seiner poetischen Begabung; sein Übersetzer braucht sie bei der Niederschrift genauso. (Dedecius 1986, 60).

Und dann der entscheidende Satz: "Kunst setzt Freiheit voraus." (Dedecius 1986, 60). Ist das als ein zusätzliches Argument zu werten, dass ein Übersetzer mit dem Anspruch auf künstlerische Eigenständigkeit keine Rechenschaft darüber abzugeben braucht, auf welche Weise er das Original "verwertet" hat? Demnach wäre ein Übersetzer ein Künstler, der sich durch das Werk eines anderen Künstlers auf irgendeine Weise inspirieren lässt und danach sein eigenes Kunstwerk schafft. Die Rolle des Originals wäre lediglich das der "Inspiration auf irgendeine Weise". Darf sich jemand, der so sein Schaffen versteht in der Gesellschaft als Übersetzer bezeichnen? Wie sieht es in der Realität mit der Freiheit eines Übersetzers aus?

3.2. Raum und Begrenzung der künstlerischen Freiheit

> Wollte Puschkin Goethe übersetzen, würden wir erwarten, dass in der Übersetzung nicht er selbst erscheine, sondern Goethe. (Dedecius 1986, 112).

Die im obigen Zitat ausgedrückte Erwartungshaltung ist nichts Ungewöhnliches. Und doch scheint sie dem Anspruch auf künstlerischen Eigenwert einer Übersetzung im Wege zu sein. Die generelle Erwartung, durch eine Übersetzung dem Schöpfer des Originals nahe zu kommen, oder auch das gänzliche "Außer-Acht-Lassen" des Übersetzers weist auf ein gesellschaftlich verankertes Berufsethos des Übersetzers hin, das auf die Formel: "Loyalität gegenüber dem Original" gebracht werden kann. William Blake spricht von der "intellektuellen Redlichkeit". In seiner Definition geht er sowohl auf die Freiheit eines Übersetzers als auch auf die Grenzen dieser Freiheit ein: Man könne unterschiedliche Autoren unterschiedlich, nach unterschiedlichen Methoden übersetzen, ohne den Grundsatz der Treue, der Natürlichkeit und der Nützlichkeit aufzugeben, ohne Verrat an der intellektuellen Redlichkeit zu üben. (Dedecius 1986, 101). Dedecius spricht ebenfalls von den allgemeinen Erwartungen an einen Übersetzer:

> [...] so wünschen wir uns auch heute von der Arbeit eines Übersetzers – neben Information und Genuss – auch Klärung im Sinne von Aufklärung. (Dedecius 1986, 17).

Dedecius versteht hier Aufklärung als die "Ermöglichung des 'Eindringen[s] in die fremde Poesie". (Dedecius 1986, 17). Auch durch folgende Aussage wird der Begriff „Aufklärung" erläutert:

> Die Übersetzer schaffen diese Urbedingung des Zusammenlebens. Sie machen Fremdes beiderseits kenntlich und verständlich. (Dedecius 1986, 21).

Wenn man so die Rolle des Übersetzers sieht, ist es also seine Pflicht, das Original (nämlich das Fremde für seine Leser) verständlich zu machen. Was muss vom Original erhalten, was darf verändert werden?

> Man kann Dichtung würdig übersetzen, wenn man zu unterscheiden weiß zwischen dem Wesentlichen und dem Beiwerk dieser Dichtung. Das erste müssen wir wiedergeben, das zweite dient uns als unerlässlicher Spielraum. (Dedecius 1986, 30).

Ähnlich klingt ein Zitat von Johan Soenen in welchem vom "Respekt" des Übersetzers gegenüber dem Original die Rede ist. Er vertritt die Auffassung,

> dass die Qualität einer Übersetzung nicht von der wörtlichen Übernahme, der abweichenden Nachbildung, dem Einfügen oder dem Auslassen einzelner Wörter abhängt, sondern vielmehr vom Respekt, den man vor der Gesamtheit der dichterischen Mitteilung zeigt. Es kommt nicht darauf an Wörter bzw. Sätze, sondern Ideen und Gedanken in die andere Sprache hinüberzuholen. Nicht der Text an sich muss übersetzt werden, vielmehr die Intention, die 'Message', die im Original eingebettet liegt. Pointiert gesagt: der Übersetzer darf sich vom Original nicht fesseln, sondern nur orientieren lassen." (Soenen 1977, 222).

Es bleibt für dieses Kapitel festzuhalten, dass vom Lyrikübersetzer erwartet wird, Originale als "Heilige Originale" zu behandeln, dass der Anspruch besteht, durch eine Übersetzung Zugang zum Original zu bekommen. Aber das Original darf nicht zur Fessel werden, da es sonst dem Übersetzer unmöglich ist, als Künstler zu agieren. Die Würde des Übersetzers, sein Respekt vor dem Original, entscheiden über den Grad der Freiheit, den ein Übersetzer sich nimmt. So wie es den Eid des Hippokrates für Mediziner gibt, könnte man auch ein Berufsethos des Übersetzers formulieren:

> Ein Übersetzer sei: Charakter-Darsteller. Sei im Umgang mit dem Autor anpassungsfähig, aber nicht bis zur Selbstaufgabe; eigen-willig, aber nicht bis zum Starrsinn. Lass ihn im Vordergrund, bleibe dahinter – erkennbar." (Dedecius 1986, 166).

3.2.1. Der "Sinn" als Begrenzung – Forderung nach Funktionsäquivalenz

Die oben zitierten Gegenüberstellungen von unterschiedlichen Methoden vs. intellektueller Redlichkeit (Blake) oder von Beiwerk vs. Wesentlichem (Dedecius) bzw. vom Verändern der Textstruktur vs. dem Hinüberholen der "Message" (Soenen) betreffen alle die Problematik "Wahrung der Form vs. **Wahrung des Sinns**" eines Gedichtes beim Übersetzen.

Beginnen wir bei Hieronymus, der bereits vorgeschlagen hat, "non verbum e verbo, sed sensum exprimere sensu", also "nicht Wort für Wort, sondern Sinn für Sinn" zu übersetzen. (Dedecius 1986, 92). Der Sinn ist also das, was beim Übersetzen erhalten und herübergebracht werden soll. Wie ist der Begriff "Sinn" nun zu fassen? Trabant definiert "Sinn" als "kommunikativ-pragmatische, 'aussageförmige' Gesamtfunktion" eines Textes. (Trabant, 1998, 62). Nach dem funktionalen Ansatz können "Sinn" und "Funktion" gleichgesetzt werden. Was impliziert das für das Übersetzen von Lyrik? Nord, die auch für das Literaturübersetzen die funktionale Herangehensweise demonstriert, räumt für Lyrik ein, dass sie eine wenig ausgeprägte Situations- und Funktionsgebundenheit besitzt. Für Gedichte scheint es also nicht sinnvoll zu sein, nach referentiellen, expressiven, appellativen oder phatischen Funktionszügen zu suchen, die als Übersetzungseinheiten des Sinns "herübergeholt" werden müssen, wie das Nord für das Übersetzen von Literatur vorschlägt. (Nord 1997, 40). Bei Lyrik geht es nicht nur um funktionale Vagheit, was für alle Arten von Literatur gilt. Es geht um das Vorherrschen der poetischen Funktion, um die poetische Funktion, die bei Dichtung "die anderen Sprachfunktionen überlagert". (Jakobson 1972, 111).

Im Kapitel: "Was ist Übersetzen?" hatte ich bereits angekündigt, dass ich auf die Behandlung der **poetischen** Funktion bei Nord noch einmal zurückkomme. Sie hat die poetische Funktion als Teilfunktion der appellativen Funktion betrachtet. (Nord 1997, 40). Die appellative Funktion (die Funktion der Interpretationssteuerung also) wird zweifelsohne auch über poetische Mittel erreicht. Da die poetische Funktion jedoch als eine grundlegende Funktion auftreten kann, die sich gerade in einer Ungebundenheit gegenüber anderen kommunikativen Funktionen äußert, kann sie keine Teilfunktion der appellativen Funktion sein. Sie steht gleichberechtigt neben den vier von Nord genannten Funktionen.

Was lyrische Texte mit anderen literarischen Texten gemeinsam haben, ist ihr Herausgehobensein aus den lebenspraktischen Zusammenhängen zum Zweck ihrer Betrachtung als Kunstwerk.

Was Lyrik jedoch von anderen literarischen Gattungen unterscheidet, ist der Umstand, dass die Text**form** in entscheidendem Maße zu einem Sinnträger wird. Genau aus dieser Tatsache speist sich die These der Unübersetzbarkeit, wie sie neben Croce auch von Gottfried Benn vertreten wurde. Benn kommt sogar zu dem Schluss:

> Aber die Form ist ja das Gedicht. (Benn 1968, 1071).

Das würde also bedeuten:

> Dichtung ist unübersetzbar, weil in einer Übersetzung das dichterisch Wesentliche verloren geht, weil der dichterische Text seiner einmaligen unwiederholbaren Form entkleidet wird. (Zima 1992, 19).

Das Unwiederholbarkeitsargument gegen die Übersetzbarkeit wurde bereits mit Dedecius entkräftet. Und doch macht die Aussage deutlich, dass gerade diese besondere Rolle der Form Gedichte zu Kunstwerken macht. Form als Sinnträger – das ist es, was die poetische Funktion zur grundlegenden Funktion macht. Allgemein würde "Wahrung des Sinns" bei Gedichten also heißen: "Wahrung der poetischen Funktion als grundlegende Funktion".

Die Einwirkung der Form auf den Sinn demonstriert Paul v. Zima in seinem Artikel "Die literarische Übersetzung" anhand von Reimklischees. So verstärke der konventionelle Reim *amore – cuore* in der italienischen Poesie schon aus sprachlichen Gründen die Häufigkeit des Motivs vom Herzen als Symbol der Liebe. Im Englischen führe der konventionelle Reim *love – dove* eher in das Gefilde der Täubchen und des Schnäbelns, ebenso wie das Reimklischee *womb – tomb* (Schoß – Grab) die Häufigkeit des motivischen Gegensatzes zwischen Geburt und Tod erhöhe.

> Man könnte der Vollständigkeit halber noch das deutsche Reimklischee **Herz-Schmerz** hinzufügen, um die Eigengesetzlichkeit der Ausdrucksebene und ihre Einwirkung auf den semantischen Inhalt zu illustrieren. (Zima 1992, 218).

Die poetische Funktion in ihrer grundlegenden Rolle, die Bestimmung eines Gedichtes zur Betrachtung als Kunstwerk, d.h. das "verstehende Anschauen" eines Gedichtes impliziert, dass jeder Leser individuell dem Gedicht in einer konkreten Rezeptionssituation seine Funktionen zuschreibt. Die Wahrung der poetischen Funktion verlangt nach **Wahrung der subjektiven Interpretation.** Gerade die lautliche Form des Originals wie auch dann der Übersetzung ist ein wichtiger Garant für individuelle Wirkung und damit individueller Funktionszuschreibung.

Für das praktische Vorgehen beim Übersetzen ist diese Erkenntnis wenig hilfreich. Als Übersetzer bin ich auf objektive Kriterien angewiesen. Wie anders kann ich beurteilen, ob ich dem Original gerecht geworden bin? Ohne irgendeine Art von Objektivität würde sich auch jegliche Übersetzungskritik im Bereich der Lyrik verbieten. Hier scheint das Betrachten der zweiten wichtigen Funktion von Gedichten weiterzuhelfen.

Immer wieder wurde in den vorangegangenen Kapiteln betont, dass die Funktionen gerade bei lyrischen Texten von den Lesern in der Rezeptionssituation bestimmt werden. Ein Übersetzer muss aber seiner Verantwortung gegenüber dem Original gerecht werden können. Dieses Problem hat auch Nord erkannt. Deshalb schreibt sie:

> Der Text selbst "hat" [...] nicht eine Funktion, sondern er "erhält" eine Funktion in der Rezeptionssituation. Allerdings wird er im Allgemeinen vom Sender für eine bestimmte Funktion intendiert (hier spreche ich von Intention) . (Nord 1993, 10).

Ein Text hat somit objektive (intendierte) und subjektive (zugeschriebene) Funktionen. Ersteren ist der Übersetzer seines Berufes wegen verpflichtet. Nord schreibt dazu:

> Zur Begründung der Forderung nach Loyalität ist es mir [...] wichtig, zwischen der Intention des Senders und der vom Empfänger hergestellten Funktion klar zu unterscheiden. (Nord 1993, 10).

Während sich die vom Leser hergestellten Funktionen der Einflussnahme des Übersetzers entziehen, bemüht sich der Übersetzer, von den intendierten Funktionen ausgehend funktionale Äquivalenz herzustellen. Jakobson nennt neben der poetischen die **expressive** Funktion als charakteristisch für Lyrik. Bevor ich auf die Besonderheiten der expressiven Funktion in lyrischen Texten eingehe, werde ich eine generelle Charakterisierung dieser Funktion in Sprache vornehmen.

Nord beschreibt die expressive Funktion als "Kundgabe persönlicher Einstellungen, Gefühle und Bewertungen" (Nord 1997, 39). Die Frage nach der expressiven Funktion als Intention würde lauten: Will der Sender etwas über sich selbst und seine Einstellung zu den Dingen mitteilen? Diese Intention nennt Nord die "Ausdrucksintention". (Nord 1991, 55). Lyrik als "unmittelbarer Ausdruck der Innerlichkeit und Subjektivität des Autors" (= die von Burdorf beschriebene subjektivistische Lyrikauffassung) hat ganz klar diese Ausdrucksintention als die objektive Grundfunktion. Somit ist sie der Anteil des Sinns, der beim Übersetzen gewahrt werden muss.

Bei Literatur, insbesondere bei Lyrik kommt erschwerend hinzu, dass selbst die intendierten Funktionen schwer greifbar sind. Literarische Texte wurden bereits dahingehend charakterisiert, dass ihre Funktionen vor allem aus textinternen Merkmalen sowie aus Informationen über den Autor und seine Zeit hergeleitet werden. Gerade die Literaturübersetzer (eingeschlossen die Übersetzer von Gedichten) sind also verpflichtet "alle zur Verfügung stehenden Recherchierquellen zu nutzen" (Nord 1991, 57). Nur selten werden sie das Glück haben, auf eine vom Autor explizit geäußerte Intention bezüglich eines Werkes zu stoßen.

Die ermittelte expressive Funktion eines Gedichtes ist seine intendierte Funktion. Bei Gedichten erhält sie jedoch auf Grund der Verbindung mit der poetischen Funktion besondere Merkmale. Die "Kundgabe persönlicher Einstellungen, Gefühle und Bewertungen" erfolgt auf ganz spezifische Weise. Die poetische Funktion eines Gedichtes stellt nämlich die vom Leser herzustellenden Funktionen *über* die vom Sender intendierten Funktionen, die Individualität über die Allgemeinheit, die Subjektivität über die Objektivität.

Ich gebe abschließend für dieses Kapitel zwei kurze und prägnante Definitionen für poetische und expressive Funktion, um den Unterschied und die gegenseitige Abhängigkeit herauszustellen:

> Die poetische Funktion ist "die Einstellung auf die Nachricht als solche." Sie ermöglicht die "unmittelbare Erfahrbarkeit der Zeichen". (Jakobson 1972, 108).

Lermontov demonstriert das in bezug auf lautliche Wirkung:

Est' reči – znaćen'e
Temno i ničtožno,
No im bez volnenâ
Vnimat' nevozmožno...

Es gibt Reden – ihre Bedeutung
Ist dunkel und nichtig,
Doch ihnen ohne Erregung
Zu lauschen ist unmöglich...
(Borowsky 1983, 33).

Die expressive Funktion bedeutet "Einstellung auf den Sender". (Jakobson 1972, 104). In einem Gedicht werden Einstellungen, Gefühle und Bewertungen des Autors zum Ausdruck gebracht. Der Übersetzer muss bestrebt sein, diese so weit wie möglich zu erfassen. Denn das ist bei Gedichten oft das einzige, was überhaupt als eine Art Senderintention erfasst werden kann. Die Intention eines Gedichteschreibers besteht allerdings oft darin, keine Intention im Sinne einer klaren Wirkabsicht zu haben. Wie hat es doch Walter Benjamin so provozierend schön formuliert?

> [...] kein Gedicht gilt dem Leser, kein Bild dem Beschauer, keine Symphonie der Hörerschaft. (Benjamin1955, 40).

Der Übersetzer muss versuchen, in einem Gedicht den spezifischen "Ausdruck der Innerlichkeit und Subjektivität des Autors" zu erfassen. Bei der Wiedergabe der erfassten Einstellungen, Gefühle und Bewertungen in der Übersetzung bleiben diese Intentionen jedoch mehrdeutig, gerade auch durch die Rolle der lautlichen Form, die individuell sehr unterschiedlich wirken kann. Es ist sicher nicht so extrem, wie es Benjamin beschrieben hat. Gedichteschreiber möchten wohl mitunter auch, dass ihre Gedichte gelesen, vielleicht sogar in einer ganz bestimmten Weise verstanden werden. Fakt bleibt aber, dass Mehrdeutigkeit, Multifunktionalität ein Grundzug von Kunst, von Lyrik ist:

> Mehrdeutigkeit ist ein immanenter, unabdingbarer Bestandteil jeder Nachricht mit 'Einstellung' auf sich selbst – kurz, ein notwendiges Merkmal der Dichtung. (Jakobson 1972, 126).

Der Zusammenhang zwischen poetischer und expressiver Funktion in Gedichten stellt sich folgendermaßen dar:

> Die poetische Funktion, dabei vor allem das Ineinanderwirken von Sinn und Form, stellt sicher, dass ein Gedicht als Kunstwerk betrachtet, individuell erfahrbar wird. Die expressive Funktion beeinflusst die Art und Weise der Betrachtung und Erfahrbarkeit. Sie ist vom Übersetzer als objektive Funktion / Senderintention zu ermitteln und zu übertragen. Die ex-

pressive Funktion in Verbindung mit der poetischen Funktion weicht insofern von der expressiven Funktion in alltagssprachlicher Kommunikation ab, als dass die Einstellungen und Bewertungen für den Leser mehrdeutig bleiben und der vermittelte Gefühlsausdruck individuell unterschiedlich wahrgenommen wird.

3.2.2. Der Übersetzungszweck als Raum – Rolle des Skopos

> Ein Gedicht ist wie ein wertvolles Schmuckstück, das auch dann seinen vollen Reiz beibehalten kann, wenn der Kunstschmied einen auserlesenen Edelstein durch einen anderen ersetzt. (Soenen 1977, 285).

Das Original bedeutet für den Übersetzer als Künstler sowohl Begrenzung als auch Raum seiner künstlerischen Freiheit. Im vorangegangenen Kapitel war von der Begrenzung die Rede, die sich aus der Verpflichtung eines Übersetzers ergibt, den Sinn (die Funktionen) des Originals, vor allem die Senderintention zu wahren. Stellt sich nun die Frage, welche Freiheiten das Original bietet.

Für den Übersetzer als Künstler ist das Original die Inspirationsquelle. Welches Original ich als Inspirationsquelle nutze und auf welche Weise ich mich inspirieren lasse, hängt von der Frage nach dem **Zweck** des Übersetzens ab. Ich frage mich generell, wozu ich eigentlich übersetze und auch konkret, wozu ich ein bestimmtes Werk übersetze. Die Frage der Wahl werde ich im nächsten Kapitel behandeln. Zunächst soll es um die Art und Weise der Inspiration, um die übersetzerische Freiheit bezüglich eines bereits gewählten Originals gehen. Ich lasse mich also vom Übersetzungszweck leiten:

> Entsprechend der allgemeinen Skopostheorie wäre für die Translation eines konkreten Ausgangstextes zunächst grundsätzlich jeder Skopos möglich, der sich in der Zielkultur verwirklichen lässt. (Nord 1993,17)

Nord nennt diese recht offene Option des Skopos die "grundsätzliche Freiheit des Translators oder seines Auftraggebers". (Nord 1993, 17). Der Skopos ist laut Übersetzungsdefinition der Funktionsäquivalenz übergeordnet. Er kann im Grunde auch die Forderung nach Wahrung des Sinns / der Funktionen eines Originals außer Kraft setzen. Für übersetzte Gedichte wurde der Skopos aber teilweise schon eingeschränkt und näher bestimmt, da
1. für literarische Texte ein Funktionswechsel bei der Übersetzung nicht üblich ist.
2. Gedichte als Kunstwerke wirken sollen.

An dieser Stelle wird deutlich, dass die poetische Funktion nicht nur grundlegende Textfunktion ist, sondern sich auch auf den Skopos auswirkt. Poetizität ist bei Gedichtübersetzungen sowohl bestimmend für Funktionsäquivalenz als auch für den Skopos. Die Frage nach dem Skopos beim Übersetzen eines Gedichtes, d.h. die Frage: "Wozu übersetze ich dieses Gedicht?" führt wieder zum Kunstbegriff.

> Die Kunst bildet die Wirklichkeit nach, nein, mehr, sie sublimiert diese, mit den ihr eigenen Mitteln: sie interpretiert und verändert sie. Die Übertragung tut im Verhältnis zum Kunstwerk dasselbe, inbegriffen die Veränderung, was legitim ist. (Dedecius 1986, 144).

Im **Verändern** des Originals sieht Dedecius die Spezifik des übersetzerischen Vorgehens im Vergleich zur **Schöpfung** eines Originals:

> Ein Künstler darf sich darauf beschränken, ein Ding, einen Zustand, eine Wirklichkeit zu kopieren [...]. Ein Übersetzer muss das Kunstwerk kopieren, darf sich aber keinesfalls darauf beschränken, sonst schafft er nur eine leblose Kopie, aber kein Kunstwerk. Und der **Sinn** einer Kopie eines Kunstwerks liegt in der **Kunst** des Kopiewerkes. Somit, dadurch und deswegen ist eine gelungene Kunstkopie genauso ein Originalwerk, wie es eine Naturkopie ist. (Dedecius 1986, 144).[1]

Aus dieser Erkenntnis ergibt sich für Dedecius die Forderung nach kreativer Freiheit des Übersetzers:

> Beide Urheber [der Schöpfer des Originals und der Übersetzer] arbeiten nach unterschiedlichen Vorlagen, aber mit den gleichen Mitteln. Und da sie nach gleichen Kriterien beurteilt werden, sollte man ihnen fairer Weise die gleichen Freiheiten und Rechte lassen. (Dedecius 1986, 144).

Das Beurteilen nach gleichen Kriterien stimmt sicher bezüglich der Einschätzung künstlerischer Qualitäten von Werk und Übersetzung. Deshalb benötigt ein Übersetzer genauso den Spielraum kreativer Freiheit wie ein Autor. Diese Freiheit wird nun durch die Forderung nach Funktionsäquivalenz eingeschränkt. Die eventuelle Wahl eines Skopos ist bei literarischen Texten der Funktionsäquivalenz untergeordnet:

> In unserer (heutigen, westlichen) Kultur erwarten wir (als 'normale', nicht übersetzungstheoretisch vorgebildete Leserinnen und Leser) etwa, dass eine Übersetzung die Einstellung des Autors 'genauso' wiedergibt wie das Original – wenn wir also eine Übersetzung lesen, betrachten wir die darin zum Ausdruck gebrachte Einstellung als die Einstellung des Autors, und wir würden nicht auf den Gedanken kommen, es könnte sich hierbei eventuell um die Einstellung des Auftraggebers oder der Übersetzerin handeln. (Nord 1992, 17/18).

In Gedichten geht es ja vor allem um diese "Einstellung des Autors", um Expressivität. Für Gedichte gilt daher besonders, was das vorherrschende, kulturspezifische Konzept von "Übersetzung" besagt, dass die intendierte Funktion herübergebracht werden soll.

---

[1] Hervorhebungen von mir (M. A.)

Dennoch eröffnet die verbleibende Wahlmöglichkeit des Skopos wie auch der generelle Skopos einer Gedichtübersetzung (ihr Zweck, als Kunstwerk zu wirken) eine Freiheit des Übersetzers und /oder Auftraggebers, nämlich die Freiheit der Gestaltung der Art und Weise des "Herüberbringens". Die sich daraus ergebende Freiheit in der sprachlichen Gestaltung ist für den Übersetzer Grundbedingung, um als Künstler agieren zu können.

4. Zur Wahl des Übersetzungsgegenstandes

> Die Freiheiten, die [...] zur Wahl stehen, sind mannigfaltig. Sie, die Übersetzer, wählen die Sprache, das Thema, die Ideen, die Zeit, den Autor, das Werk, den Raum, die Form, die Deutung und Bedeutung. Sie haben so viel zur Verfügung, wenn sie wollen.(Dedecius 1986, 17).

Die Freiheit eines Gedichtübersetzers besteht nicht nur in der Festlegung des Übersetzungszwecks bezüglich eines konkreten Werkes, wodurch er sich den Spielraum sprachlicher Gestaltung schafft, sondern auch in der Wahl seines Übersetzungsgegenstandes. Er fragt sich also: Welches Gedicht will ich übersetzen? Um diese Frage beantworten und die Antwort begründen zu können, bedarf es der vorangehenden Betrachtung zweier in der Frage enthaltener Themen, der des Übersetzens und der des Gedichtübersetzens. Mir muss erst klar sein, welche Rolle ich dem Übersetzen und welche den übersetzten Gedichten zuschreibe, um für mich entscheiden zu können, welche Werke ich übersetzen will oder zumindest für übersetzungswürdig halte.

4.1. Die Funktion des Übersetzens

Ich hatte zu Anfang bei der Betrachtung des Textbegriffes erwähnt, dass mir die funktionale Betrachtungsweise am sinnvollsten erscheint. Damit habe ich bereits impliziert, dass für mich Übersetzen etwas Funktionales ist.

Das Übersetzen wird gemeinhin als Handeln aufgefasst. Somit ist das Übersetzen auch mit den Kategorien verbunden, die üblicherweise mit Handlungen verbunden sind, vor allem mit der des Zwecks. (Liedtke 1997, 26). Ohne weiter auf die Handlungstheorie einzugehen, bleibt festzuhalten, dass Übersetzen sprachliches Handeln ist und somit seinen Zweck oder auch seine Funktion in der Gemeinschaft hat. Diese Funktion wird in der Definition von Translation, die Ausgangspunkt dieser Arbeit ist, genauer beschrieben. Dort hieß es:

> Durch die Translation wird eine kommunikative Handlung möglich, die ohne sie auf Grund vorhandener Sprach- und Kulturbarrieren nicht zustande gekommen wäre. (Nord 1991, 31).

4.2. Die Funktion des Gedichtübersetzens

Übersetzte Gedichte sind Kunstwerke. Zum Kunstschaffen schreibt Trabant:

> Auch die ästhetischen Handlungen sind [...] kooperative Handlungen, mit denen einer dem anderen etwas zu verstehen gibt. Auch das Kunstwerk will gelesen, betrachtet, gehört werden. Aber es will nicht einfach nur verstanden werden, [...] sondern der ästhetische Gegenstand oder die ästhetische Handlung wollen als solche, in ihrem Sosein, auch in ihrer spezifischen Materialität, betrachtet werden. (Trabant 1998, 49).

Gedichte sollen verstanden und betrachtet werden.

Auf welche Weise betrachtet? Mit der Betrachtung ist das gemeint, was im Zusammenhang mit der Sinn–Form–Problematik als Erfahrung bezeichnet wurde. All das, was mit der Materialität, bei Gedichten mit der sprachlichen Form, zu tun hat, zählt zur Betrachtung, beispielsweise die individuelle Erfahrung der klanglichen Wirkung.

Auf welche Weise verstanden? Dedecius spricht davon, dass Kunstwerke öffentliche Funktion erfüllen. (Dedecius 1986, 94). An anderer Stelle erläutert er die Funktion etwas genauer:

> Die Übersetzung will am Leben erhalten: vor allem die dem Tode besonders ausgesetzten Werte: Empfindungen und Wahrheiten. Solche, die uns unbekannt geblieben sind, die uns fremd geworden sind oder die uns unterschlagen werden. Wer Kunst überträgt, über die Grenzen trägt, wirkt gegen den Tod und für das Leben, also für die Gesellschaft, für ihren uralten Traum von Freiheit, Gleichheit und Brüderlichkeit in einer Sprache ohne Falsch und ohne Heuchelei. (Dedecius 1986, 52).

Mit dem Unterschied, dass es bei Originalgedichten keine **fremden** Empfindungen und Wahrheiten sind, müsste ansonsten das Gleiche für sie zutreffen. Vor kurzem las ich in der Zeitung über eine ähnlich idealistische Auffassung von der Wirkung von Gedichten: Der indische Poet und derzeitige Premierminister Atal Bihari Vajpayee riet seinen Anhängern:

> Um den Hass von den Herzen fern zu halten, lest Gedichte! (Schoeller 2002, 1).

Dazu der Kommentar der Zeitung:

> Doch die Inder ignorierten den Dichter und öffneten dem Hass ihre Herzen: Um die heilige Stätte Ayodhya wütet ein Religionskrieg, dem knapp 500 Menschen, hauptsächlich Moslems zum Opfer fielen. Nach den grausamen Massakern beider Seiten dürfte nicht einmal mehr der indische Premierminister Atal Bihari Vajpayee seinen Worten trauen und glauben, dass der religiöse Hass mit Poesie zu besänftigen ist. (Schoeller 2002, 1).

Es ist naiv anzunehmen, mit dem Übersetzen von Gedichten die Welt verändern zu können. Denn wer liest schon Gedichte? Die, die sie aber lesen, erwarten auch eine Wirkung, zumindest für sich persönlich.

Im Zusammenhang mit den Erwartungen an eine Übersetzung wurde bereits die Vermittlerrolle des Übersetzers thematisiert. Er soll Fremdes vertraut machen, im Fall von Gedichten fremde Poesie. Wenn ich dem Gedichtübersetzen eine gesellschaftliche Funktion zuschreibe, dann deshalb, weil ich persönlich eine besänftigende oder auch inspirierende Wirkung fremder und einheimischer Gedichte erfahre, wohl aber auch, weil ich selbst übersetze und dabei einfach davon ausgehe, dass das einen Sinn für die Gemeinschaft hat. Ansonsten würde ich nicht übersetzen. Ich schließe mich der Meinung von Dedecius an:

> Ein Sprechen, ein Dichten, ein Übersetzen außerhalb der Gesellschaft, losgelöst von ihrem Zustand und von ihren Zielen, nicht durch sie legitimiert und nicht an sie gerichtet, ist denkbar, aber sinnlos. (Dedecius 1986, 52).

Deshalb gilt für mich auch seine Maxime:

> Übersetze nur das, was du selbst in der Sprache des Originals entdeckst, als Kunstform beispielgebend, als Mitteilung notwendig erkennst. (Dedecius 1986, 165).

Hier finden sich wieder die beiden Aspekte, die die Kommunikation mit einem Kunstwerk in sich vereinigt: das Betrachten (beispielgebende Kunstform) und das Verstehen (notwendige Mitteilung). Entsprechend der Ausgangsdefinition für die Funktion des Übersetzens generell wäre für das Gedichtübersetzen speziell zu formulieren:

> Durch die Translation eines Gedichtes wird die Kommunikation mit einem Kunstwerk möglich, die ohne sie auf Grund vorhandener Sprach- und Kulturbarrieren nicht zustande gekommen wäre.

5. Zum Übersetzungsvorgehen

Schwerpunkt dieser Arbeit ist die Übersetzungskritik und der Übersetzungsvergleich. Die Beurteilung einer Übersetzung geht von einer bestimmten Vorstellung aus, wie der Übersetzungsprozess idealerweise abläuft. Nur so lässt sich einschätzen, wie nah sich eine Übersetzung an diesem Ideal befindet, wie gelungen sie also ist.

5.1. Die Festlegung des Übersetzungszwecks /der Übersetzungsmethode

Am Anfang eines jeden Übersetzungsprozesses steht nach der Wahl des Werkes die Festlegung des Übersetzungszwecks und der ihm entsprechenden Übersetzungsmethode. (Junkes-Kirchen 1988, 60).

Im Kapitel zum Skopos einer Lyrikübersetzung bin ich vom Übersetzer als Künstler, von der Prämisse des künstlerischen Eigenwertes der Übersetzung ausgegangen. Dabei wurde die Wichtigkeit der **Form** deutlich. Gleichzeitig habe ich die Verpflichtungen eines Übersetzers in unserer Gesellschaft thematisiert, wobei der **Sinn** eine entscheidende Rolle spielt. Nach der bisher dargestellten Übersetzungsauffassung würde das Lyrikübersetzen nach einer Methode erfolgen, die eine Mitteposition zwischen den Polen Form und Sinn einnimmt.

Traditionell werden für literarische Texte drei Übersetzungsmethoden unterschieden.

Die wörtliche Übersetzung strebt inhaltliche Originaltreue an. Die Imitation hingegen ist mit dem Ziel verbunden, ein vollkommen eigenes Kunstwerk zu schaffen. (Junkes-Kirchen 1988, 39 /52). Meine Übersetzungsauffassung entspricht der literarischen Übersetzung. Mit einer literarischen Übersetzung sollen sowohl Verantwortung gegenüber dem Original als auch literarischer Anspruch verwirklicht werden. (Junkes-Kirchen 1988, 50). Junkes-Kirchen spricht von der Forderung einer "gleichen ästhetischen Wirkung". (Junkes-Kirchen 1988, 49). Wie kann die gleich ästhetische Wirkung nun im Rahmen einer Übersetzungskritik nachgewiesen werden? Wie kann man sich gegen den Vorwurf wehren, eine Imitation geschaffen zu haben?

Eine literarische Übersetzung

> bedarf einer gewissenhaften, akribischen Vorarbeit, wie sie durch die Textanalyse und –interpretation bereitgestellt werden kann. Solange sich ein Übersetzer an diese Maßgaben hält, wird seiner Übersetzung nicht der Vorwurf dichterischer Überprägung durch seinen Individualstil gemacht werden können. (Junkes-Kirchen 1988, 51).

In den nächsten Kapiteln wird diese Vorarbeit genauer vorgestellt.

5.2. Die Phasen des Übersetzungsvorgehens

In der Literatur zur Theorie des Übersetzens lässt sich ein allgemeines Schema des Übersetzungsvorgehens ausmachen. Weit verbreitet ist ein Konzept der drei Phasen des Übersetzens. Nord verwendet die Bezeichnung "Drei– Schritt– Schema". (Nord 1991, 35).

5.2.1. Die Erfassung der Vorlage

Zur ersten Phase, der Erfassung der Vorlage, des Sinns eines Werkes, zählt das wörtliche Erfassen, das Erfassen der stilistischen Werte des sprachlichen Ausdrucks und schließlich als Ergebnis das Erfassen des künstlerischen Ganzen. (Junkes-Kirchen 1988, 63).

Dedecius und Junkes-Kirchen sprechen von drei Ebenen, in denen sich ein dichterischer Text konstituiert. Junkes-Kirchen nennt sie die Ebenen der "denotativen Sphäre der Wörter", der "lautlichen Aspekte" und der "Verschmelzung dieser Bereiche". (Junkes-Kirchen 1988, 35). Dedecius beschreibt sie als "die Worte und ihren konventionellen Inhalt", als "den formalen Mechanismus des Gedichts – die Reime, die Struktur der Strophe" und als die "Seele des Gedichts". (Dedecius 1986, 75). Vergleicht man Gedichtebenen und Erfassungsebenen, so wird folgender Zusammenhang deutlich:

Die erste Erfassungsebene entspricht der Erfassung der wörtlichen Ebene des Gedichtes, die zweite bedeutet eine hinzukommende Berücksichtigung der formalen Ebene, um Stilwirkungen ermitteln zu können. Auf der dritten Erfassungsebene erfolgt die zusammenhängende Analyse aller drei Gedichtebenen. Die Erfassungsebenen kennzeichnen also eine zunehmend komplexer werdende Textanalyse eines literarischen Werkes.

Die Erfassungsphase wird in der übersetzungswissenschaftlichen Literatur auch als "Analyse", "Dekodierung" oder "Verständnisphase" bezeichnet. (Nord 1991, 35).

5.2.2. Die Interpretation der Vorlage

Die Interpretation der Vorlage sieht Dedecius als "die am häufigsten verkannte oder übersehene Anforderung". Sie sei für den Übersetzer die zu erbringende "unabdingbare intellektuelle Eigenleistung". (Dedecius 1986, 143). Diese Wichtigkeit des zweiten Schrittes hebt auch Junkes-Kirchen hervor, indem er schreibt:

> Basis und Voraussetzung aller Übersetzung ist das Verständnis, also die Interpretation. (Junkes-Kirchen 1988, 27).

Soenen bringt es auf den Punkt:

> 'Gut übersetzen' heißt in erster Linie 'gut verstehen'. (Soenen 1977, 221).

Interpretation ist deshalb notwendig, weil es eben keine Bedeutungsäquivalenz zwischen den Begriffen zweier Sprachen gibt, so dass einfach Wort für Wort ersetzt werden könnte:

> Wenn die Zielsprache keinen im Bedeutungsumfang so weiten und vielsagenden Ausdruck zur Verfügung hat, wie er in der Vorlage erscheint, muss der Übersetzer die Bedeutung spezifizieren und sich für eine der engeren Bedeutungen entscheiden, was aber nur über die Kenntnis der im Text enthaltenen Wirklichkeit möglich ist. (Junkes-Kirchen 1986, 63).

Der Prozess der Interpretation enthält drei Aspekte.

- Das Suchen nach dem objektiven Sinn des Werkes:

Dieser Aspekt ergibt sich aus der Verantwortung des Übersetzers gegenüber dem Original. Hier geht es also wieder um das Herausfinden der Intentionen (intendierte Funktion /Wirkabsicht) des Autors eines Werkes. Zwei Wege sind dafür bereits aufgezeigt worden, die sich einander ergänzen: das Auswerten textinterner Merkmale und die ausgiebige Recherche zum Autor und seiner Zeit.

- Den Interpretationsstandpunkt des Übersetzers:

Von der Weltanschauung, oder allgemeiner formuliert, den apriorischen Grundsätzen eines Übersetzers und von der Frage, was er persönlich von dem zu übersetzenden Werk erwartet, hängt die spezifische Erschließung der Bedeutung dieses Werkes ab. (Junkes-Kirchen 1988, 64). Ein Übersetzer sollte sich deshalb immer im klaren darüber sein, dass die Leser seiner Übersetzung das Original "durch den Filter seiner Interpretation" erschließen. (Junkes-Kirchen 1988, 64).

- Die Übersetzungskonzeption:

Die Übersetzungskonzeption beinhaltet die Interpretation der objektiven Werte eines Werkes vom Standpunkt des Übersetzers aus, ist also eine Kombination aus den beiden zuvor genannten Schritten. In diesem Zusammenhang stellt sich Frage nach dem "Spielraum", der einem Übersetzer bei der Interpretation gegeben ist. (Junkes-Kirchen 1986, 64).

In Kapitel 3 wurde bereits dargelegt, dass die Grenzen der Freiheit durch die Wahrung der Funktionen (Forderung nach Funktionsäquivalenz) vor allem der intendierten Funktionen (Forderung nach Loyalität) gesetzt werden, und dass sich der Spielraum übersetzerischer Freiheit aus dem Skopos (Übersetzungszweck) ergibt.

Diese beiden Phasen, Erfassung und Interpretation der Vorlage, sind die "akribische Vorarbeit", die von einem Übersetzer verlangt wird, durch die er der Gefahr der Schaffung einer Imitation entgehen kann. An die zweite Phase, die mit der Festlegung der Übersetzungskonzeption endet, schließt sich die dritte und letzte Phase an, die Umsetzung der Vorlage.

5.2.3. Die Umsetzung der Vorlage

> [...] wer Poesie überträgt, überträgt nicht die toten Wörter, sondern ihren lebendigen Bezug." (Dedecius 1986, 177).

Für diese Phase des Übersetzungsvorganges finden sich u.a. auch die Begriffe "Synthese" bzw. "Re- oder Neukodierung". Sie wird bei Nord definiert als die "Formulierung der zielsprachlichen Äußerung für den Zieltextempfänger". (Nord 1991, 35).

Die besondere Schwierigkeit bei der Übertragung von Gedichten besteht in ihrer Formgebundenheit. Oft muss zwischen der Übersetzung von Formen oder Inhalten gewählt werden. Außerdem wirken gleiche stilistische Mittel in verschiedenen Sprachen (Kulturen) traditionsbedingt unterschiedlich. Deshalb wird vorgeschlagen:

> dass der Übersetzer in seiner eigenen Sprache die formalen Effekte erfinden solle, die eine Vorstellung von denen vermitteln, wie sie im Original produziert wurden. (Junkes-Kirchen 1988, 35).

Vom Übersetzer wird eine "künstlerisch gültige Umformulierung" verlangt, für die ihm neben der Fähigkeit zu objektivieren eine hohe stilistische Begabung abverlangt wird. (Junkes-Kirchen 1988, 65).

Die drei Phasen des Übersetzungsvorgehens sollen den Rahmen für ein Modell zur Übersetzungskritik im Bereich der Lyrik bilden.

6. Zur Übersetzungskritik

6.1. Die Aufgaben der Übersetzungskritik

Wie bei der Definition von "Text" und "Übersetzen" gehe ich auch bei der Betrachtung der Übersetzungskritik von allgemeinen Annahmen und Grundsätzen aus, bevor ich dann auf die Kritik von literarischen und speziell Gedichtübersetzungen eingehe.

Ziel einer Übersetzungskritik ist die "Entwicklung und Bereitstellung von objektiven, sachgerechten und konstruktiven Analysemethoden und Beurteilungskriterien". (Junkes-Kirchen 1988, 67). Welche Methoden und Kriterien das sind, hängt von den jeweiligen Interessen und Bedingungen ab, unter denen eine solche Kritik zustande kommt.

Deshalb fordert Junkes-Kirchen, dass der Kritiker dem Leser seine Vorlieben eingesteht und nicht als objektive Gegebenheiten darstellt und die subjektiven Übersetzungsnormen, die er der Bewertung zugrunde legt, expliziert. (Junkes-Kirchen 1988, 75 /71).

Dedecius warnt den Kritiker vor all zu schnellem Urteilen über übersetzerische Entscheidungen. Ein Übersetzungsfehler solle erst dann thematisiert werden, wenn nachgewiesen werden könne, dass er vermeidbar gewesen wäre. (Dedecius 1986, 98). Zur Vorsicht gemahnt auch Albrecht. Er macht auf die Bedeutung der Übersetzungsabsicht aufmerksam. Erst müsse klar sein, was der Übersetzer mit seiner Übersetzung wolle. Dann könne eingeschätzt werden, ob dieses Ziel erreicht wurde. Erst in einem nächsten Schritt solle über die Angemessenheit des Ziels diskutiert werden. (Albrecht 1998, 230).

Beide Kriterien, das des Ziels der Übersetzungskritik wie auch das des Ziels der Übersetzung müssen also am Anfang einer Übersetzungskritik geklärt werden.

6.2. Die Aufgaben der Übersetzungskritik in der Literatur

Viele Übersetzungswissenschaftler betrachten eine gründliche Ausgangstextanalyse als die Grundlage jeder Übersetzungskritik (Nord 1991, 190). Allgemein wird davon ausgegangen, dass auch "eine literarische Übersetzung erst dann adäquat kommentiert werden kann, wenn der Originaltext analysiert wurde." (Zima 1992, 223). Die Besonderheit der Übersetzungskritik im Bereich der Literatur liegt in der Art der Äquivalenzforderungen. Literarische Werke sind durch funktionale Vagheit gekennzeichnet. Ein Modell zur Übersetzungskritik in der Literatur kann daher auch nur "vage" sein, muss den künstlerischen Anspruch von Original und Übersetzung berücksichtigen. Die Schwierigkeit der Systematisierung einer literarischen Übersetzungskritik hebt auch Junkes-Kirchen hervor. Alle literarischen Übersetzungskritiken seien

> der Natur der Sache gemäß keinem Systematisierungszwang unterworfen [...] da das literarische Übersetzen als dynamische und lebendige Tätigkeit sich nicht in ein Prokrustesbett vorgefertigter Schemata einpassen lässt. (Junkes-Kirchen 1988, 68).

"Vagheit" bedeutet hier zum einen, dass das Urteil bezüglich eines konkreten Werkes "relativ" ist. (Reiß, 1971, S.114). Zum anderen beinhaltet diese "Vagheit" auch die Unmöglichkeit der Generalisierung, also die Singularität / Individualität eines jeden Modells der literarischen Übersetzungskritik. Das heißt, dass eine literarische Übersetzungskritik zwar auch eines methodischen Rahmens bedarf [...], dass aber ein detailliert ausgearbeitetes Analysemodell nur für jeweils den einen bestimmten Text Gültigkeit behält, für den es konzipiert wurde. Die Singularität eines literarischen Textes lässt nur allgemeine, weit gefasste Orientierungslinien für eine Übersetzungskritik zu. (Junkes-Kirchen 1988, 76).

Ein Modell der Übersetzungskritik für literarische Übersetzungen setzt sich also aus wenigen allgemeingültigen und mehrheitlich gegenstandsbezogenen Methoden zusammen. Besonders für letztere gilt, dass mit entsprechender Ausführlichkeit und Explizitheit gearbeitet werden muss, damit die Kritik dem Anspruch auf Objektivität (im Sinne von Nachvollziehbarkeit) genügt.

6.3. Die Aufgaben der Übersetzungskritik bei Gedichtübersetzungen

Die Auffassung vom literarischen Übersetzen, die ich hier vertrete, auf der auch meine Übersetzungskritik basieren soll, strebt "gleiche ästhetische Wirkung an". Die zwei Funktionen, die die Wirkung eines Gedichtes ausmachen, sind die expressive (Ausdrucks-) und die poetische Funktion, die durch die Formgebundenheit von Gedichten dominiert.

Die expressive Funktion bedeutet "Einstellung auf den Sender" oder auch, nach der subjektivistischen Lyrikauffassung, "Wiedergabe des unmittelbaren **Gefühlsausdrucks**" des Autors.

"Poetische Funktion" ist die "Einstellung auf die Nachricht als solche" und ermöglicht die "unmittelbare **Erfahrbarkeit** der Zeichen".

Die Forderung nach Wirkungsäquivalenz entspricht der Forderung nach Vermittlung gleicher oder zumindest ähnlicher Gefühle und Erfahrungen, wie sie beim Leser des Originals hervorgerufen wurden. Gedichte sind Texte, in denen die poetische Funktion dominiert. Als unabdingbarer Bestandteil jeder Nachricht mit Einstellung auf sich selbst wurde die Mehrdeutigkeit genannt. (Jakobson 1972, 126).

Gerade bei Gedichten wird deshalb deutlich, dass sowohl Lesen als auch Übersetzen Interpretieren heißt. Der Übersetzer muss interpretieren, um zu übersetzen. An dieser Stelle wird interessant, wie Hans J. Vermeer "Übersetzen" sieht. Für ihn ist

> jedes Translat (Übersetzung und Verdolmetschung) unabhängig von seiner Funktion [...] und Textsorte als Informationsangebot in einer Zielsprache und deren -kultur über ein Informationsangebot aus einer Ausgangssprache und deren –kultur zu fassen. (Reiß 1991, 76).

Für Gedichte ist es angebracht, von "**Interpretations**angebot" zu sprechen. Wie das Original einen Interpretationsrahmen für den Übersetzer darstellt, bildet seine Übersetzung wiederum einen Interpretationsrahmen für den Leser. Eine Übersetzungskritik für Gedichtübersetzungen müsste also auf Grundlage der Ausgangstextanalyse einen Interpretationsrahmen abstecken, um dann einschätzen zu können, ob die Interpretation, die die Übersetzung präsentiert, in diesem Rahmen liegt. In einem zweiten Schritt kann eingeschätzt werden, ob die "gewählte" Interpretation dem Übersetzungszweck angemessen ist und schließlich, ob sich dieser Zweck für dieses Gedicht eignet.

7. Bereitstellung eines Instrumentariums zur Übersetzungskritik – Die "*scenes-and-frames*"-Semantik

Eine Übersetzungskritik zur Einschätzung von Wirkungsäquivalenz benötigt Methoden, mit denen sich Wirkungen, das Induzieren von Erfahrungen und Gefühlen messen und gegenüberstellen lassen. Berücksichtigung des Vorwissens und der Vorerfahrungen des Lesekreises von Original und Übersetzung (um die Wirkungen adäquat ermitteln und vergleichen zu können), die Beachtung des Übersetzungsziels und die Explizierung der Übersetzungsnormen des Kritikers – all das sind Komponenten, aus denen sich ein solches Modell der Übersetzungskritik zusammensetzen müsste. Für eine solche Strategie der Ermittlung von Wirkungsäquivalenz scheinen die Ansätze der "scenes-and-frames"–Semantik eine geeignete Grundlage zu bieten.

7.1. Wesen der "scenes-and-frames" – Semantik

Die "*scenes-and-frames*"–Semantik geht davon aus, dass sich hinter jedem Text eine Szene aufbaut:

> Beim Verstehen eines Textes wird also eine Teilwelt geschaffen, deren Wesen allerdings beträchtlich vom subjektiven Erfahrungshintergrund des Lesers abhängen kann; dies erklärt auch, warum derselbe Text auf verschiedene Weise interpretiert werden kann. (Snell-Hornby 1994, 186).

Diese Teilwelt oder Szene hinter dem Text besteht aus lauter kleineren *scenes*. (Snell-Hornby 1994, 192). Der Begriff *scene* wird synonymisch gebraucht zu "Bild", "Vorstellung" (Vermeer 1990, 9) oder auch "Erfahrung" und "erlebte Situation" (Snell-Hornby 1994, 185).Gemeint ist der "Eindruck jedweden Sinnesreizes in jedweder Form". (Vermeer1990, 9).Die *scenes* werden hervorgerufen durch sprachliche Formen, die *frames*. (Snell-Hornby 1994, 185). Die *frames* sind also die Kodierungen der *scenes*. Somit hängt der Aufbau einer *scene*

> vom sprachlichen Material des Textes ab, aber ebenso sehr vom Vorwissen des Lesers [...]. (Snell-Hornby 1994, 187*).*

Auf dieser Basis wird der Kommunikations- und Verstehensprozess so verstanden, dass wir zu jeder sprachlichen Form (*frame*) mittels eigener Erfahrung (*scene*) Zugang finden. *Scenes* und *frames* aktivieren einander wechselseitig. Eine bestimmte sprachliche Form ruft Assoziationen hervor, diese führen zu anderen sprachlichen Formen oder weiteren Assoziationen.
(Snell-Hornby 1994, 186).

7.2. "Scenes-and-frames"-Semantik und Übersetzen

Übersetzen wird mehrheitlich als "zweistufiger Kommunikationsvorgang" gesehen. (Reiß 1991, 41). Snell-Hornby spricht von einem "komplexen Kommunikationsakt", in dem
"AS-Autor – Leser/Übersetzer und Übersetzer/ZS-Autor – ZS-Leser"
als Kommunikationspartner vorkommen. (Snell-Hornby 1994, 189). Der Übersetzer ist damit gleichzeitig Empfänger und Überträger. Dabei muss er sich seine Kompetenz in AS und ZS zunutze machen. Denn er kann nicht nur einfach sprachliche *frames* dekodieren und enkodieren. Er muss die *scenes* hinter den *frames* nachvollziehen, verstehen, bestimmen und das Verstandene vermitteln. Von ihm hängt das Gelingen der Kommunikation zwischen AS-Autor und ZS-Leser ab. Das "Verstehen" liegt in seiner Verantwortung.

7.3. Eignung des "scenes-and-frames"-basierten Ansatzes für die Übersetzungskritik bei Lyrik

7.3.1. Zur Wirkungsäquivalenz

Eine "*scenes-and-frames*"-basierte Übersetzungstheorie fokussiert die Wirkung (*effects*) von Original und Übersetzung und strebt Funktionsäquivalenz an. (Vermeer 1990, 86).

7.3.2. Zum Skopos

Die Beachtung der Funktion der Übersetzung (Skopos) ergibt sich aus dem *scene*-Aufbau mit Blick auf den "**speziellen** Empfänger, an den die Übersetzung gerichtet ist" (Snell-Hornby 1994, 192). Vermeer definiert "Skopos" an einer Stelle als "bestimmtes Ziel für **jemanden**" (Vermeer 1990, 87). Die Ausrichtung auf einen bestimmten Rezipientenkreis, die auf die Mehrheit der Übersetzungen zutrifft, würde ich als Minimalskopos bezeichnen,

7.3.3. Zum Übersetzen als Kunst

Der künstlerische Aspekt des Übersetzens wird durch den "*scenes-and-frames*"-basierten Ansatz sehr anschaulich dargestellt. Jegliche Textgestaltung wird als Kunst bezeichnet, die darin besteht, eine *scene*, die der Produzent (z.B. auch

Übersetzer) im Kopf hat, so in einen *frame* zu bringen, dass der *frame* die *scene* möglichst genau evozieren kann und der Textrezipient aus dem rezipierten *frame* wieder eine *scene* aufbaut, die der "*scene* im Kopf" des Produzenten möglichst genau entspricht.

"Kunst setzt Freiheit voraus", wie es Dedecius in seiner Abhandlung "Vom Übersetzen" schrieb. Diese Freiheit sieht Vermeer vor allem in der *frame*–Gestaltung gegeben. Vermeer geht davon aus, dass ein *frame* nicht genau eine *scene* widerspiegelt:

> *Frames* können Teile von *scenes* detaillieren ("ausmalen"), andere Teile nur knapp skizzieren... (Vermeer 1990, 79/80).

Darin zeige sich die "**individuelle** und **künstlerische** Textgestaltung". (Vermeer 1990, 81). Neben Kriterien der Sprachstruktur und der Berücksichtigung des Skopos entstünden solche "Verkürzungen und Erweiterungen" nämlich durch die Gerichtetheit der "Aufmerksamkeit des Produzenten" (**Individualität**) wie auch durch den Einfluss "ästhetische[r] Momente" (**Kreativität**). (Vermeer 1990, 80).

7.3.4. Zur Darstellung des Interpretationsrahmens

Das Modell einer Übersetzungskritik für lyrische Texte soll es ermöglichen, eine Übersetzung unter Berücksichtigung des Skopos in den Rahmen möglicher Interpretationen einzuordnen, den der Ausgangstext bietet. Für die Verdeutlichung eines solchen Interpretationsrahmens stellt sich ebenfalls die Textbetrachtung der "*scenes-and-frames*"-Semantik als sehr geeignet heraus. Die "Übersummativität" eines Textes besagt, dass ein Rezipient

> völlig "legitim" auch eine gegenüber der "Ausgangs*scene*" mehr oder minder veränderte *scene* aufbauen kann. "Können" bezeichne hier die Möglichkeit, die im Text angelegt ist, und zugleich die Legitimität solcher Möglichkeit. (Vermeer 1990, 82).

Die Möglichkeit des *scene*–Aufbaus, die im Text angelegt ist - das ist der Interpretationsrahmen.

8. "*Scenes-and-frames*"–Semantik und Übersetzungskritik

Im folgenden geht es um die Herausarbeitung von Methoden der Übersetzungskritik, die auf dieser Konzeption von *scenes* und *frames* beruhen. Den Rahmen dafür bildet das Drei-Phasen-Schema des Übersetzungsvorgehens. Für jede Phase soll dargestellt werden, welche Aspekte der *scenes-and-frames*-basierten Übersetzungstheorie jeweils zum Tragen kommen. Daraus sollen im Anschluss daran Methoden der Übersetzungskritik abgeleitet und am konkreten Beispiel demonstriert werden.

8.1. Zur Erfassung und Interpretation der Vorlage

Unter dem Aspekt der Bildung von *scenes* bietet es sich an, Phase 1 und 2 des Übersetzungsvorgehens zusammenzufassen. Der Szenenaufbau beinhaltet schon immer eine Interpretation. Auch ein Unterscheiden zwischen einer spontanen, ganz individuellen Bildung von *scenes* als Phase 1 (der Übersetzer als gewöhnlicher Leser) und einer übersetzungsrelevanten *scene*-Bildung als Phase 2 (der Übersetzer als Mittler) wäre künstlich. Ein Übersetzer kann sich einem Werk, das er übersetzen soll / will, nicht mehr nähern, ohne dass ihm seine Übersetzerrolle von Anfang an bewusst ist. Radegundis Stolze spricht in diesem Zusammenhang vom "metasprachlichen Bewusstsein" des Übersetzers, mit dem er "schon einen kategorisch anderen Text rezipiere, als der natürliche Empfänger". (Stolze 1994, 134). So gehen spontaner und übersetzungsrelevanter *scene*-Aufbau ineinander über, bedingen sich gegenseitig, sind nicht klar zu unterscheiden. Während der Phase der Interpretation ergibt sich aus dem Suchen nach dem objektiven Sinn des Werkes und dem Standpunkt des Übersetzers die Übersetzungskonzeption.

8.1.1. Zum Suchen nach dem objektiven Sinn des Werkes

Der Übersetzer ist bemüht,

> tatsächlich möglichst die *scene* zu evozieren, von der er annimmt, dass sie der des Produzenten kongruent ist (dass sie der Intention des Produzenten zum *scene*-Aufbau des Rezipienten möglichst genau entspricht). (Vermeer 1990, 85 /86).

Es geht also um den Aufbau, den Nachvollzug der *scenes*, die der Autor intendiert hat, oder die sich beim Leser des Originals aufgebaut haben.

Es war bereits von drei Erfassungsebenen die Rede. Junkes-Kirchen sprach vom wörtlichen, stilistischen und ganzheitlichen Erfassen eines Gedichtes. (Junkes-Kirchen 1988, 63). "Erfassen" soll nun gleichgesetzt werden mit "*scene*-Aufbau". Wie erfolgt dieses "Erfassen" der einzelnen *scenes*? Hier verweist Vermeer auf die Bedeutung des Vorwissens des Übersetzers zu Autor und Rezipienten des Originals. Auf Grund der angestrebten Funktionsäquivalenz bilde der Übersetzer

> Keine 'freie', beliebige *scene*, sondern versucht, zu einer *scene* zu gelangen, die entweder [...] die *scene* des Autors oder die des Ausgangstextrezipienten [...] oder beider berücksichtigt bzw. nachzuvollziehen versucht. (Vermeer 1990, 88).

Diese Verfahrensweise sei aber nur möglich,

wenn er bereits ein umfassendes Vorwissen über Ausgangsautor / -rezipient besitzt. (Vermeer 1990, 89).

Alle bisherigen Beschreibungen zu textexternem Wissen enthalten im wesentlichen zwei Komponenten: Biographie und Geschichte. Zusammenfassend und vereinfacht kann formuliert werden:

> Der Übersetzer benötigt Wissen zur Biographie des Autors und zu geschichtlichen (auch literaturgeschichtlichen) Ereignissen, die für das Werk bestimmend sind.

Im Grunde ist die Evozierung von *scenes* durch *frames* nie abgeschlossen. Die *scene* kann weitergebildet werden, Korrekturen erfahren und weiterwirken:

> Ein Rezipient hat also sozusagen mehr Chancen als ein Produzent: Dieser legt sich mit dem ausformulierten Text fest; jener kann immer neue Interpretationen für einen Text finden. (Vermeer 1990, 74).

Für den Übersetzer als Rezipienten bedeutet das, dass er in seinem Bestreben, möglichst die vom Autor intendierte *scene* aufzubauen, durch hinzukommende Informationen zu Autor und Werk seine *scene* auch nach Abschluss der Rezeption weiter modifizieren kann. Für diese Betrachtungsweise der *scene*–Rezeption findet sich der Begriff "channel amplification". (Vermeer 1990, 78). Mit "channels" sind dabei "Wege der Sinneswahrnehmung" gemeint. (Vermeer 1990, 76). Das Geschriebene (*frames*) wird zu vorgestellten optischen, akustischen, taktilen, olfaktorischen, kinästhetischen und dermalen Erfahrungen. (Vermeer 1990,78).

Da eine *scene* vom Vorwissen des Lesers und von den jeweiligen *frames* abhängt, ist sie konventions- und erfahrungsbedingt und damit kulturspezifisch. Die **Kulturspezifik** wird in der "*scenes-and-frames*"-Semantik an dem Begriff des Prototyps veranschaulicht.

Snell-Hornby sieht den Prototypen als "fokale Mitte" einer natürlichen Kategorie:

> Als Beispiel für die Kategorie Vogel wäre z.B. "Spatz" prototypisch, "Pinguin" jedoch nicht. (Snell-Hornby 1994,187).

Das Prototypische, also das, was mit einem Wort allgemein assoziiert wird, hängt wesentlich von der jeweiligen Kultur ab:

> Für einen Inder mag ein Pfau auf Grund jahrhundertealter Tradition durchaus ein prototypischer Vogel sein; wer in Bombay von Vögeln spricht, denkt zuerst an Krähen, Milane (kites) und vielleicht sogar Geier; in Mitteleuropa dürfte der Spatz einen Prototyp für Vogel abgeben. (Das ist wichtig für Translation: Vogel ist nicht gleich Vogel.) (Vermeer 1990, 23).

Die Bildung von *scenes* während der Rezeption und Analyse von Texten führt dazu, dass die Kulturspezifik automatisch berücksichtigt wird. Wenn man sich Texte oder Textteile über *scenes* bewusst macht,

> kann man sich beim translatorischen Handeln leicht über das Problem der Kulturspezifik des jeweils Vorgestellten bzw. Vorzustellenden, also z.B. über Unterschiede zwischen Ausgangs- und Ziel-*scenes*, und über den Einfluss des Translatskopos auf mögliche *scene*-Modifikationen klar werden und damit eine Problematik von Translation erkennen, sobald man sich die *scenes* je kulturspezifisch vorstellt. (Vermeer 1990, 99).

8.1.2. Zum Interpretationsstandpunkt des Übersetzers

Die Interpretation eines Werkes durch den Übersetzer ist immer durch dessen Individualität und kulturelle Zugehörigkeit geprägt, selbst wenn er sich dessen bewusst ist und daher versucht, vom individuellen Standpunkt zu abstrahieren und kulturelle Differenzen zu überbrücken:

> Zum einen bleibt der Translator letztlich immer an seine eigene Kultur gebunden und rezipiert Fremdkulturelles zwangsläufig 'von dort aus'; zum anderen hat er nur *seine scene* von der ausgangskulturellen *scene* mit Blick auf die Zielkultur modifiziert. (Vermeer 1990, 90).

Diese kulturell und individuell bedingte Modifikation der Ausgangs-*scene* bezeichnet Vermeer als "mehrfache Filterung". (Vermeer 1990, 90).

Die individuelle / kulturelle Prägung einer Interpretation ist nicht zu vermeiden und soll auch gar nicht vermieden werden. Für Individualität spricht der Anspruch auf künstlerischen Eigenwert einer Übersetzung. Der Übersetzer ist frei, seinen Interpretationsstandpunkt zu wählen, und zwar entsprechend seiner Weltanschauung, seinen Grundsätzen, seinen Erwartungen an das zu übersetzende Werk. Er ist sich dabei dennoch seiner Verantwortung gegenüber Original und zielsprachlichem Leserkreis bewusst:

> Der gute Übersetzer wählt daher seinen Interpretationsstandpunkt mit Bedacht. (Junkes-Kirchen 1988, 64).

Für die kulturelle Prägung einer Interpretation spricht die Rolle des Translators als Mittler zwischen den Kulturen:

> Erst dadurch, dass wir wissentlich 'einen Fuß in unserer Kultur behalten', können wir als Vermittler fungieren. (Hijiya-Kirschnereit 1988, 209).

Als Übersetzer wollen wir für Angehörige **unserer Kultur** etwas aus einer **anderen Kultur** verstehbar machen.

8.1.3. Zur Übersetzungskonzeption

Beide Ausrichtungen, die auf das Original (Suchen nach dem objektiven Sinn) und die auf den zielsprachlichen Leser (Wahl des Interpretationsstandpunktes) finden Eingang in die Übersetzungskonzeption

Letztere ist gleichbedeutend mit der "skoposgerechten Modifizierung" der *scenes*. (Vermeer 1990, 85/86). Der Skopos kann *frame*- oder *scene*-betont sein. Vermeer weist auf ein Problem hin, welches Übersetzungen betrifft, bei welchen der Skopos primär die formalen Bedingungen der Vertextung bestimmt, die Ziel-*scene* also dem Ziel-*frame* unterordnet. Der Vorrang der Form würde allzu schnell zur allgemeinen Regel erhoben,

> ohne dass die sich daraus ergebenden Konsequenzen für die *scene*-Bildung genügend beachtet werden. Daher kommt es in solchen Fällen häufig zu inkohärenten *scenes*. (Vermeer 1990, 70).

Die Kulturspezifik eines jeden Textes macht es erforderlich, dass je nach Skopos oftmals zwischen zwei Wiedergabevarianten gewählt werden muss. Entweder versucht der Übersetzer, eine solche *scene* beim Zielrezipienten zu evozieren, wie der Ausgangstextproduzent sie gern bei dem Rezipienten, den er sich vorstellt, evoziert hätte, oder eine zielkulturspezifische analoge *scene*. Das kann die Gesamt-*scene* betreffen, aber auch die Einzel-*scenes*. Sicher kann dann auch die Entscheidung von *scene* zu *scene* unterschiedlich ausfallen. Zu beachten ist, dass in unserer mitteleuropäischen kulturspezifischen Tradition gilt:

> Was hierzulande als exotisch angesehen wird [...], lässt man in einer Translation gern exotisch oder exotisiert es gar noch mehr... (Vermeer 1990, 95).

8.2. Zur Umsetzung der Vorlage

Christiane Nord beschreibt die Umsetzung der Vorlage als "Formulierung der zielsprachlichen Äußerung für den Zieltextempfänger". (Nord 1991, 35). Die Ausrichtung auf den Rezipienten (Minimalskopos) betont auch Vermeer, wenn er schreibt, dass eingeschätzte Verstehensschwierigkeiten seitens des Rezipienten Wiederholungen und Paraphrasen bedingen können. (Vermeer 1990, 80).

8.2.1. Der Vorgang der frame-Bildung

Die Umsetzung der Vorlage entspricht der *frame*-Bildung. Folgende Beschreibung der *frame*-Bildung reflektiert sowohl die Ausrichtung auf den zielsprachlichen Leser als auch den künstlerischen Anspruch:

> Die Kunst der Vertextung besteht darin, eine solche Formulierung zu finden, die es einem Rezipienten erlaubt, aus der solcherart reduzierten Fassung unter Beteiligung aller dafür nötigen Sinnesorgane eine Situation bzw. deren Repräsentation aufzubauen. (Vermeer 1990, 102).

Warum hier von "reduzierter Fassung" die Rede ist, wird deutlich, wenn wir uns im folgenden den Vorgang der *frame*-Bildung genauer ansehen. War bei der Betrachtung der *scene*-Bildung von "channel amplification" die Rede, kann nun von "channel reduction" gesprochen werden. (Vermeer 1990, 77). Jede Art von *frame* stellt eine Reduktion und somit eine Modifikation einer *scene* dar. Die Gesamtheit der Wahrnehmungen, der eidetischen, olfaktorischen usw. Vorstellungen, die mit einer *scene* verbunden sind, kann in einem *frame* nur teilweise wiedergegeben werden. *Frame*-Produktion und *frame*-Rezeption sind in bezug auf die *scene*-Bildung also keine umkehrbaren Prozesse. Der Rezipient kann immer wieder neue Interpretationen für einen *frame* finden, immer neue *scenes* bilden. Der Produzent muss sich beim Ausformulieren des Textes festlegen:

> *Scene*-Kodierung durch den *frame*-Produzenten findet im formulierten *frame* trivialer Weise einen eindeutigen ("diskreten") – u. U. nur fragmentarischen- Abschluss [...] (Vermeer 1990,73).

8.2.2. Die Kulturspezifik von frames

– in der Wahl der *scene*-Bestandteile:

Daraus, dass *scenes* kulturspezifisch sind, ergibt sich, dass es die *frames* auch sind. Bei ihnen tritt noch die Besonderheit der jeweiligen Sprachstruktur hinzu. So gibt es zu vielen *frames* in der Zielsprache keine direkten Entsprechungen, (z. B. zum Wortpaar "heaven" / "sky" im Deutschen) und es muss paraphrasiert werden.

Sprache und Kultur entscheiden darüber, welche "Stücke" der gleichen *scene* durch einen *frame* kodiert werden. Während eine *scene* in einer Zielsprache beispielsweise mit "Sie legte sich in die Hängematte und schlief ein" kodiert werden müsste, wäre in der Ausgangssprache "Sie ging schlafen." ein hinreichender *frame*, da die Umstände, wie dies geschieht, bekannt sind.

–in der Bewertung von *scenes*:

Kulturelle Faktoren im Zusammenspiel mit der individuellen Komponente bedingen außerdem Betrachtungsweise und Bewertung einer *scene* und damit die Art der Kodierung. So kommt es auf die persönliche Sichtweise an, ob man den gleichen Vorgang als "geben" oder "nehmen" bezeichnet. Es ist ein kulturelles Phänomen, dass die Deutschen ihre Fahrscheine "entwerten", die Portugiesen sie hingegen "mit Wert versehen" (valorizar = Wert geben). (Vermeer 1990, 67).

So könnte man von einer Kultur-, Sprach- und Sichtweisenspezifik der *frames* sprechen.

– in der Möglichkeit der "Exotisierung":

Neben dem Bewertungspotential von *frames* sollte beim Zieltextformulieren auch die Möglichkeit / Gefahr der "Exotisierung" beachtet werden:

> Häufig erhält ein Phänomen [...] für heterokulturelle Zielrezipienten Kulturemstatus, den es für die Ausgangstextrezipienten nicht hatte. (Vermeer 1990, 141).

Der Übersetzer muss dann skoposgemäß entscheiden, ob er diesen Kulturemstatus erhalten, ändern oder abschaffen will.

8.2.3. Vogel ist nicht gleich Vogel oder: Dürfen Olivenhaine zu Lindenbäumen werden? – Ein Nachtrag zur "Exotisierung"

> Wenn in einer italienischen Erzählung chinotto oder in einer amerikanischen root beer getrunken wird, so ist das eine Kulturtatsache, an der es nichts zu übersetzen gibt. Dass die beiden Getränke braun oder süß sind, erlaubt dem Übersetzer noch lange nicht, sie in Malzbier zu verwandeln, denn das sind sie einfach nicht; wer hier mit dem Manipulieren begönne, machte bald die ganze Welt zu einer deutschen Wohnküche. (Zimmer 1993, 23).

Im Kontext der Forderung nach heuristischen Leitlinien für eine Übersetzungskritik nennt Dieter Zimmer als wichtigstes Postulat die "Wirkungsäquivalenz". Allerdings gebe es eine Ausnahme:

> Sprachtatsachen werden übersetzt, Kulturtatsachen aber nicht. (Zimmer 1993, 23).

Für Deutschland gilt, dass man das, was hierzulande als exotisch angesehen wird, gern exotisch lässt oder es noch mehr exotisiert. (Vermeer 1990, 95). Somit dürfte es einem deutschen Übersetzer, der ins Deutsche übersetzt, nicht schwer fallen dieser Forderung Zimmers nachzukommen. In der Übersetzungsgeschichte wimmelt es allerdings nur so von amüsanten Beispielen der "kulturellen Einverleibung" fremdkultureller Phänomene. Besonders gern scheint man Bäume zu "verwandeln". Jörn Albrecht bringt ein Beispiel von Giacomo Leopardi, der ein Gedicht des Lyrikers Arnault übersetzte:

> Aus der französischen Eiche macht er eine italienische Buche. Über die Gründe, die ihn dazu bewogen, lässt sich feinsinnig spekulieren. Gestehen wir Leopardi zunächst einmal zu, dass sich das vergleichsweise runde, zarte Buchenblatt besser für die ihm zugedachte passive Rolle eignet, als das kräftige, gebuchtete Blatt der Eiche. (Albrecht, 1998, 246).

Durch die Konzentration auf das Symbolische hat Leopardi allerdings den Blick für die Realität verloren. Arnault schreibt von einem welken Blatt im Frühling, wie es mitunter an Eichenzweigen, aber nie an Buchenzweigen zu finden ist. Während Arnault zunächst realistisch beobachtet und dann zur Symbolik kommt, startet Leopardi bereits von einem symbolischen, zumindest anthropomorphisierenden Blickpunkt aus.

Hieran wird deutlich, dass ein Austausch von Realia mit kulturell gebundener Symbolik mitunter in der Tat angebracht ist, wenn eben genau dieser Symbolcharakter im Vordergrund steht.

Der frühe polnische Schriftsteller Jan Kochanowski nimmt solche "Verwandlungen" aus einem anderen Grund vor: Er wollte das Original seinen Lesern "mundiger anbieten":

> Seine Vorliebe war, die antike Welt mit polnischen Realien zu beleben, die heidnischen Götter zu christianisieren und griechische Olivenhaine in polnische Lindenbäume zu verwandeln. (Dedecius 1986, 122).

Gegen dieses "Mundiger-Anbieten" richtet sich die Forderung Zimmers in erster Linie. In unserem heutigen Übersetzungsverständnis wird beim Leser eine Offenheit, gar ein besonderes Interesse am Exotischen vorausgesetzt, die Konfrontation mit dem Fremden wird ihm zugemutet und zugetraut. Im praktischen Teil meiner Arbeit wird es um ein Gedicht gehen, in dem die Weide eine wichtige Rolle spielt. Es muss dann geprüft werden, wie wichtig in diesem Fall der Symbolcharakter ist. Generell soll aber doch gelten: Kulturtatsachen sollen nicht übersetzt werden.

9. Darstellung *"scenes-and-frames"*-basierter Methoden der Übersetzungskritik am Beispiel

> *Scenes* sind in sich mehr oder minder strukturiert. Man kann nun eine Art Komponentenanalyse vornehmen[...] und *scene*–Elemente einzeln betrachten und für jedes Element entscheiden, ob und wie es in die Zielkultur übertragen bzw. in der Zielkultur durch ein skoposadäquates Element ersetzt werden soll. (Vermeer 1990, 101).

Dieses Zitat Vermeers soll Ausgangspunkt meiner nun folgenden vergleichenden Gedichtanalyse sein. Die "einzelne Betrachtung" wird im Kontext der Gesamtheit des Textes erfolgen. Für Texte soll hier gelten, was in der Gestaltpsychologie für seelische Wirklichkeit gilt:

> dass gerade bei Änderungen, die sämtliche Teile eines Ganzen treffen (Austausch des Materials, Versetzung in andere Sinnes- oder Seinsgebiete) seine Eigenart erhalten bleibt, falls dabei die Struktur des Ganzen, d.h. die Maßverhältnisse und Lagebeziehungen zwischen den Teilen (und [...] ihre Funktionen), erhalten bleiben. (Flick 1996, 123).

An dieser Stelle sei an die grundlegenden Aufgaben einer Übersetzungskritik für lyrische Texte erinnert, wie sie in Kapitel 7 vorgestellt wurden:
1. Das Messen von Erfahrungen und Gefühlen,
2. Die Berücksichtigung des Vorwissens der Rezipienten von Original und Übersetzung,
3. Die Beachtung des jeweiligen Übersetzungsziels und
4. Die Explizierung der Übersetzungsnormen, von denen der Kritiker ausgeht.

Punkt 1 wird durch das Gegenüberstellen der ermittelten *scenes* von Original und den Übersetzungen zum Tragen kommen, Punkt 2 durch die jeweilige Einbeziehung des enzyklopädischen Kontextes. Auf die Punkte 3 und 4 wird an gegebener Stelle eingegangen werden.

9.1 Anna Achmatova: "Iva" – Ausgangstextanalyse und Interpretation (Szenenaufbau)

ИВА
А я росла в узорной тишине,
В прохладной детской молодого века.
И не был мил мне голос человека,
А голос ветра был понятен мне.
Я лопухи любила и крапиву,
Но больше всех серебряную иву.
И, благодарная, она жила
Со мной всю жизнь, плакучими ветвями
Бессонницу овеивала снами.
И – странно! – я её пережила.
Там пень торчит, чужими голосами
Другие ивы что-то говорят.
Под нашими, под теми небесами.
И я молчу...Как будто умер брат.
(Achmatova 1988, 24).

9.1.1. Informationen zu Autor und Werk

Zur Interpretation zählten bisher die Suche nach dem objektiven Sinn, der Interpretationsstandpunkt und die Übersetzungskonzeption. Bei einer Übersetzungskritik werden die beiden letztgenannten Punkte erst interessant, wenn wir uns mit den Übersetzern auseinandersetzen. Für den ersten Punkt übernehme ich die Rolle des Übersetzers. Ich bin also bestrebt, mittels meiner Fremdkulturkompetenz und meines Wissens über Autor und Werk, die *scenes* zu aktivieren, die der Autor intendiert bzw. (was bei Gedichten entscheidender ist), die der muttersprachliche Rezipient tatsächlich aktiviert hat.

Folgende biographische und historische Daten halte ich für eine möglichst genaue *scene* –Aktivierung für unerlässlich:

Anna Andreevna Gorenko wurde am 11. (23.) Juni 1889 als viertes Kind des Marineoffiziers Andrej Gorenko und seiner Frau Inna Erasmovna, geb. Stogova, in Bolšoj Fontan bei Odessa geboren. Das Pseudonym Achmatova trug sie in Anlehnung an eine Familienüberlieferung, der zufolge ihre Urgroßmutter die Prinzessin Achmatova gewesen sein soll, eine Nachfahrin Tschingis Khans. (Kusmina, 1993, 16). Im Jahre 1890 siedelte die Familie nach Carskoe Selo über, wo Achmatova den Großteil ihrer Kindheit verbrachte. Aus dieser Zeit stammen die Erinnerungen, auf die im Gedicht "Iva" Bezug genommen wird:

> Meine ersten Erinnerungen an Carskoe Selo sind: die grüne feuchte Herrlichkeit der Parks, die Weide, wohin meine Kinderfrau mich führte [...].(Kusmina 1993, 9).

Bei Fritz Mierau heißt es zu den Kletten und Brennnesseln, die im Gedicht Erwähnung finden:

> Kindheit und Jugend verbrachte Anna Achmatova in Carskoe Selo im Hause der Šuchardina auf der Širokaâ-Straße. Das Haus ging auf die Besymânny-Gasse hinaus, die im Sommer üppig von Unkraut bewachsen war – riesigen Klettersträuchern und prächtigen Brennnesseln. (Mierau 1988, 270).

In Petersburg, wo Anna das Gymnasium besuchte, begegnete ihr 1903 zum ersten Mal Nikolaj Gumilev, ihr späterer Ehemann. Er wurde auf ihr dichterisches Talent aufmerksam und veröffentlichte später (1907), als Anna bereits auf die Krim gezogen und an ein Gymnasium nach Kiew gewechselt war, eines ihrer ersten Gedichte in der von ihm gegründeten Literaturzeitschrift "Sirius".

Über Gumilev entstand auch ihr erster Kontakt zu einer neuen literarischen Bewegung. Im Jahre 1910, kurz nach ihrer Heirat mit Gumilev, hielt sie in seinem Beisein eine Lesung im "Turm", einem Versammlungsort einer Gruppe junger Dichter, die sich später Akmeisten nennen sollten. Mit ihrem ersten Gedichtband "Večer" ("Abend"), der 1912 im Selbstverlag dieser Gruppe erschien, war Achmatova sofort erfolgreich. Der 1914 erschienene zweite Gedichtband "Četki" ("Rosenkranz") machte die Achmatova in Russland endgültig berühmt. (Hässner 1998, 44). Durch die Ereignisse im Zusammenhang mit der Oktoberrevolution und dem ersten Weltkrieg wurde ihr Siegeszug jäh unterbrochen. Ein weiterer Sammelband: "Belaâ Staâ" (Weißer Schwarm"), der im Verlag der Zunft wenige Wochen vor der Oktoberrevolution erschienen war, konnte nur in wenigen Exemplaren, vorwiegend unter Freunden verbreitet werden. Die daraus folgende Unkenntnis über die neuesten Entwicklungen ihres Schaffens, auch in literarischen Fachkreisen, erleichterten es der Kommunistischen Partei, ab Mitte der zwanziger Jahre die Werke Achmatovas zu verleumden:

> Wie hätte jemand den vernichtenden Vorwurf entkräften können, Achmatovas Dichtung erschöpfe sich in banaler Gefühlsduselei im Stil kleinbürgerlicher Kammerlyrik und sei für die neue revolutionäre Zeit entbehrlich oder gar schädlich? (Hässner 1998, 47).

In die gleiche Zeit datiert Achmatova selbst eine Schaffenskrise (1923-1936). Es steht wohl außer Frage, dass diese Schaffenskrise im engen Zusammenhang mit äußeren Faktoren gesehen werden muss. Diese wirkten verzögernd auf einen Neuansatz in ihrem Schaffen. Die Repressionen schienen ein Ende zunehmen, als Stalin 1940 den Auftrag erteilte, einen Band mit Achmatova-Gedichten herauszugeben. Damit folgte er dem Wunsch seiner Tochter Svetlana. Für die geplante Auswahl schlug Achmatova den Titel "Iva" vor:

> Mit diesem poetischen Bild wollte sie ihre und des Landes Grundstimmung unverfänglich wiedergeben. (Hässner 1998, 82).

Die metaphorische Bedeutung des Titels war wohl doch zu eindeutig und wurde deshalb von der Zensur abgelehnt. Statt dessen wählte man den nichtssagenden Titel "Iz šesti knig" (Aus sechs Büchern") (Hässner 1998, 83). Das Gedicht "Iva" wurde aber in die Sammlung aufgenommen. Unter Einwirkung persönlicher Schicksalsschläge (Erschießung von Gumilev, mehrmalige Verhaftungen des Sohnes und des zweiten Ehemannes) und "eines in der ganzen Gesellschaft herrschenden Klimas der Angst vor Verhaftungen und Anschuldigungen" (Hässner 1998, 79) hatte sich Anna Achmatova in den dreißiger Jahren mehr und mehr einer Philosophie des Leidens genähert. In den Werken Dostoevskijs und Tolstojs fand sie die moralische Kraft und Schlüssigkeit zu Fragen des menschlichen Leidens:

> Man kann an den relativ wenigen Gedichten der unmittelbaren Vorkriegszeit und dann während des Zweiten Weltkrieges nachvollziehen, wie sich bei ihr das Mit-Leiden als menschliche und künstlerisch-produktive Haltung festigte. Mit-Leiden wird zum bewussten Einssein mit den leidenden Anderen, ihrer unmittelbaren Umgebung, ihrer Stadt, ihres Landes. Diese Überzeugung [...] schlug sich in ihrer Themenwahl und Poetik nieder. (Hässner 1998, 82).

Es wäre zu untersuchen, inwieweit auch in dem 1940 entstandenen Gedicht "Iva" Züge der zu jener Zeit bei Achmatova bereits ausgeprägten Philosophie des Leidens zu erkennen sind.

Der Begriff **Akmeismus** bezieht sich sowohl auf das griechische Wort *Akme* (= höchste Ausbildung eines Zustandes als Blüte, Blütezeit oder als das Scharf-Schneidend-Durchdringende) als auch auf *Adam*. Damit verbunden wird ein fester und klarer Blick auf das Leben. (Mierau 1988, 265). Der Akmeismus ist eine Reaktion auf die beiden Strömungen des Russischen Symbolismus. Während die eine weltanschaulich- philosophisch bestimmt ist (vor allem durch den von Vladimir Solovev begründeten christlichen Platonismus), lehnt die andere einen solchen inhaltlichen Anspruch ab. Sie versteht die Kunst selbst als Religion, als eine Kunst um der Kunst willen, jenseits von Gut und Böse. (Borowsky 1983, 36). Der Akmeismus wollte nun einerseits die Poesie von weltanschaulicher Überfrachtung befreien, sie auf die Erde zurückholen. Dazu formuliert Gumilev in seiner programmatischen Beschreibung des Akmeismus:

> Всегда помнить о непознаваемом, но не оскорблять своей о нём более или менее вероятными догадками – вот принцип акмеизма. (Gumilev 1989, 412).

Andererseits war den Akmeisten der Gehalt nicht egal, stand für sie nicht "jenseits von Gut und Böse".

Beide Bestrebungen, die nach Entmystifizierung und nach inhaltlicher Relevanz von Poesie, finden ihren Niederschlag in der Forderung nach Verständlichkeit und Wirklichkeit. Das sollte erreicht werden durch ein Höchstmaß an Klarheit der Sprache und sprachlichen Bilder (Entmystifizierung) und durch die Konzentration auf die wirkliche Gefühls- und Erlebniswelt des Menschen (Gehalt). Insgesamt ging es um die Wiederentdeckung der "die ästhetischen Sinne stimulierenden Gegenständlichkeit der Welt, der sogenannten einfachen Dinge". (Hässner 1998, 28). Durch einfache Worte, durch die Beschreibung der gegenständlichen Welt, sollten detailgenaue Stimmungsbilder erzeugt werden. Was andere Künste betraf, so fühlten sich die Akmeisten in ihrem Bemühen um fassbare Wirklichkeit eher zur Malerei und zur Architektur hingezogen als zur Musik, wie es bei den Symbolisten der Fall war. (Hässner 1998, 28). Folgender Ausspruch Gumilevs, häufig als Programm des Akmeismus zitiert, demonstriert in aller Anschaulichkeit die Ausrichtung auf die Lebensrealität in ihrer Gegenständlichkeit und Körperlichkeit, die in der Kunst ausgedrückt werden kann und soll:

> Shakespeare zeigte uns die innere Welt des Menschen, Rabelais den Leib und seine Freuden, eine weise Körperlichkeit. Villon sang uns von einem Leben, das nicht im Geringsten an sich zweifelt, obwohl es alles kennt – Gott, das Laster, den Tod und die Unsterblichkeit. Theophil Gautier fand für dieses Leben in der Kunst die würdigen Kleider makelloser Formen. Diese vier Momente in sich zu vereinigen – das ist der Traum, der jetzt die Menschen eint, die sich kühn Akmeisten nennen.
> (Mierau 1988, 266).

Übersetzung wird gesehen als Herstellung von Wirkungsäquivalenz oder auch stilistischer Äquivalenz zwischen Original und Übersetzung. Deshalb ist es wichtig zu bedenken, welche stilistischen Merkmale typisch für russische Gedichte wie auch für deutsche Gedichte einer bestimmten Epoche sind. Stilistische Merkmale der Textsorte Gedicht, damit kultur- und sprachspezifische Merkmale müssen durch Entsprechungen der Zielkultur und -sprache ersetzt werden. Diese sind jedoch vom Stil des Autors zu trennen, welchen es zu erhalten gilt. Deshalb werde ich im folgenden darlegen, worin das **Besondere der Dichtung** Anna Achmatovas besteht.

Die Gedichte Achmatovas trugen von Anfang an "akmeistische" Züge.

> Ihre Verse waren schon da, ehe es die akmeistische Programmatik gab. (Hässner 1998, 37).

Ihre Poesie zeichnet sich vor allem durch einen großen Bilderreichtum aus. In ihrem Hang zur Bildhaftigkeit bestimmte Achmatova die damals neu aufkommende literarische Bewegung mit, der es gerade um klare sprachliche Bilder und Stimmungsbilder ging.

Inhalt ihrer Gedichte sind außerdem "höchst einfache Gegenstände, nicht Allegorien, nicht Symbole". (Čukovskij 1988, 240). Diese beschreibt sie mit "einfachen und doch edlen, aber ganz und gar nicht erzwungenen" Wörtern und Bildern. (Hässner 1998, 34).

Ihre große künstlerische Begabung besteht darin, diesen einfachen Dingen / Wörtern poetisches Gewicht zu verleihen:

> Doch diese einfachen, alltäglichen Dinge werden bei ihr unvergesslich, da der Lyrik unterworfen. (Čukovskij 1988, 240).

An anderer Stelle spricht Hässner von genauen poetischen Fixierungen "ohne hinschmelzende Sentimentalität". (Hässner 1998, 34). Daraus ergibt sich eine Wiedergabe voneinander isolierter Gefühle. (Borowsky 1993, 16).

In den Gedichten Achmatovas kommt das lyrische Ich sehr stark zur Geltung. Selten wird es versteckt; ohne die Offenbarung eines lyrischen Ichs ist der Dichter für Achmatova undenkbar. (Hässner 1998, 53). Dabei hat es allerdings durchaus überpersönliche Bedeutung, was mit Achmatovas Philosophie des "Einsseins mit den leidenden Anderen" zusammenhängt. Die Überpersönlichkeit des lyrischen Ichs war außerdem Programm des Akmeismus:

> Здесь индивидуализм в высшем своём напряжении творит общественность. (Gumilev 1989, 411).

Von der Form her sind Achmatovas Gedichte zumeist schlicht. Sie behält das Äußere des klassischen Verses bei. (Borowsky 1993, 13). Vorherrschend sind volksliedhafte Strophen aus vier kreuzreimverbundenen Versen, mit wenigen Enjambements und Inversionen:

> Es fließt alles leicht dahin, wie elegisch die Stimmung in den Texten auch sein mag. (Hässner 1998, 38).

Durch diese einzigartige Kombination aus Bilderreichtum, der Wahl einfacher Wörter, der genauen Fixierung von Stimmungen, der besonderen Expressivität des lyrischen Ichs, welches gleichzeitig über sich hinausweist, und

> zusammen mit dem biographischen Hintergrund der Dichterin und den verwirrenden Zeitereignissen in Russland und Europa erlauben diese Gedichte dem Leser bis heute, eine reiche Welt eigener Assoziationen aufzubauen. (Hässner 1998, 49).

9.1.2. Zur Gesamt-scene

Eine wichtige Komponente der Übersetzungskritik, die schon mehrere Male wiederholt wurde, ist die Explizierung der Übersetzungsnormen, von denen ein Kritiker ausgeht. Das soll an dieser Stelle geschehen. Bei der "*scenes-and-frames*"-basierten Übersetzungsmethode geht es, wie es Mary Snell-Hornby ausdrückt, um die Überprüfung des Erhalts der szenischen Struktur des Originaltextes. (Snell-Hornby 1994, 198). In der Gestaltpsychologie ist die Erkenntnis leitend, dass bei Änderungen von Teilen die Eigenart des Ganzen trotzdem erhalten bleiben kann, wenn die Relationen zwischen den Teilen und ihre Funktionen erhalten bleiben. (Flick 1996, 123). Auf Texte bezogen geht es um den Erhalt von Kohärenz:

> [...] immer ist die Kohärenz des Gesamttextes in der Zielsprache vorrangig. (Stolze 1994, 137).

Bereitet die Evozierung einer einzigen, wenn auch mitunter sehr komplexen *scene* keine Probleme, treten bei der Assoziierung keine Irritierungen auf, spricht das für eine Kohärenz des Textes. (Snell-Hornby 1994, 186).

Zu ermitteln, welche Teil-*scenes* des Originals welche Gesamt-*scene* aufbauen, bedeutet hier die Suche nach dem "objektiven" Sinn eines Werkes. Damit beginnt die Interpretation. Alexander Pankow spricht statt von Objektivität von Rationalität, die Grundlage einer jeden übersetzerischen Handlung sein soll. Obwohl er nicht mit *scenes* und *frames* operiert, betont auch er die Bedeutung der Gesamtstruktur. Er sieht die Rationalität des Herangehens im Aufdecken der "strukturbezogenen Eigenschaften" des Originals. (Pankow 1993, 15).

Als **Gesamt-*scene*-Strukturen** für Texte kommen generell alle kohärenzbildenden Strukturen in Frage. Im Kontext der *scene*-Bildung unberücksichtigt bleiben hier die formalen Mittel wie Morphologie und Syntax. Es geht um semantische Strukturen. Das sind vor allem Strukturen kausaler und temporaler Art. Aber auch Isotopien (die Wiederkehr von Wörtern desselben Bedeutungs-

oder Erfahrungsbereichs) und thematische Progression (die Ausgestaltung eines Themas zum Gesamtinhalt) sind kohärenzbildend. (Bußmann 1990, 389).

Eines der Demonstrationsbeispiele von Snell-Hornby weist eine bestimmende zeitliche Struktur auf. (Snell-Hornby 1994, 198).

Das andere Beispiel, welches Snell-Hornby verwendet, ist ein Text mit künstlerischem Anspruch. Hier geht es nach ihren Worten um die Schaffung eines **Stimmungsbildes.** (Snell-Hornby 1994, 199).

Gedichte als Texte mit künstlerischem Anspruch, in denen die Ausdrucksform eine klare Präferenz vor dem kommunikativen Gehalt hat, evozieren als Gesamt-*scene* ein Stimmungsbild, zusammengesetzt aus Einzel-*scenes* / Einzelwahrnehmungen, die optischer, akustischer, taktiler, olfaktorischer, kinästhetischer und dermaler Art sein können. (Vermeer 1990, 78).

Bei Gedichten Achmatovas ist diese Präferenz der Ausdrucksform allerdings nicht so ausgeprägt. Ihre Lyrik steht durch den sachlich-nüchternen Stil der Prosa nahe, nähert sich also den Eigenschaften kommunikativ ausgerichteter Texte. So muss angenommen werden, dass bei ihr auch andere der genannten Kohärenzstrukturen eine wichtig Rolle spielen. (Borowsky 1993, 16).

Ziel des Übersetzungsvergleiches ist es, die Gesamt-*scene* des Originals und ihre Teil-*scenes* zu beschreiben und sie denen der Übersetzungsvarianten gegenüberzustellen. Zunächst sollen die spontan aufgebauten Stimmungsbilder verglichen werden, um einen Eindruck davon zu gewinnen, auf welche Weise Vorerfahrungen, Weltwissen und die verschiedenen *frames* bei der Erzeugung bestimmter Wahrnehmungen interagieren, aber auch, um zu sehen, wo besondere Übersetzungsprobleme liegen können, wenn es um die Erzeugung von Stimmungsbildern geht.

Komme ich nun zur Beschreibung der spontan aufgebauten Stimmungsbilder:

1. Zum Gedicht Anna Achmatovas:

А я росла в узорной тишине,
В прохладной детской молодого века.
И не был мил мне голос человека,
А голос ветра был понятен мне.
Я лопухи любила и крапиву,
Но больше всех серебряную иву.
И, благодарная, она жила
Со мной всю жизнь, плакучими ветвями
Бессонницу овевала снами.

И – странно! – я её пережила.
Там пень торчит, чужими голосами
Другие ивы что-то говорят.
Под нашими, под теми небесами.
И я молчу...Как будто умер брат.

Ich sehe eine Trauerweide vor mir, einsam stehend in der "russischen Weite". Ihre Zweige werden von Regen gepeitscht und vom Wind hin und her bewegt. Der Himmel hinter ihr ist stahlgrau. Es ist still. Nur das gleichmäßige Brausen des Windes ist zu hören. Ich spüre Kälte und Nässe.

Im Folgenden werde ich den einzelnen Sinneswahrnehmungen, die das Stimmungsbild prägen, die *frames* zuordnen, durch die sie vermutlich hervorgerufen wurden:

1. optische Wahrnehmungen:

- einsame Weide (ива; не был мил мне голос человека; серебряную иву; плакучими ветвями)
- russische Weite (eigene Vorerfahrung; в узорной тишине)
- regengepeitschte Zweige (плакучими ветвями)
- wehende Zweige (голос ветра; другие ивы что-то говорят;)
- stahlgrauer Himmel (klangliche Assoziation zu "Stalin" – enzyklopädisches Wissen; под нашими, под теми небесами)

2. akustische Wahrnehmungen
- Stille (в узорной тишине; я молчу)
- gleichmäßiges Brausen (festes Reimschema, gleichmäßiges Versmaß; голос ветра)

3. dermale Wahrnehmungen
- Kälte (в прохладной детской)
- Nässe (плакучими ветвями)

Die Gesamtstimmung empfinde ich als sehnsuchtsvoll-melancholisch und emotional stark bewegt, voll zutiefst gefühlter Einsamkeit. Die Emotionen des lyrischen Ichs äußern sich in meiner Vorstellung durch heftige körperliche Regungen und durch Weinen. Die assoziierten emotionalen Äußerungen (Weinen und Bewegen) beinhalten für mich etwas Hoffnungsvolles inmitten des Leides; sie sind Hinweis auf Leben. Es passiert etwas, es bewegt sich etwas. Die Phase des völligen Stillstandes, in der die Gefühle abstumpfen, weil das Erlebte nicht mehr verarbeitet werden kann, in der die Erstarrung einsetzt, weil Leid nicht mehr in Tränen ausgedrückt werden kann, sondern trocken und würgend im Hals stecken bleibt, ist noch nicht erreicht. Vielleicht ist es das, was auch Hässner in den Antikriegsversen Achmatovas empfunden hat:

> [...] es ist eigenartig: man kann diese Verse nicht als Ausdruck pessimistischer Endzeitstimmung auffassen. (Hässner 1993, 89).

Ihre beste Freundin Lidiâ Čukovskaâ meinte dazu, Achmatova hätte "Scherben zu Dichtung" geschmolzen – ein Bild der Hoffnung. Die einzelnen Stimmungen, die das Gedicht evoziert, fügen sich zu einem harmonischen Ganzen. Meine Assoziationsketten konnte ich ohne Irritationen oder Behinderungen knüpfen, was für eine gute Textkohärenz spricht.

2. Zur Übersetzung von Rainer Kirsch

> Ich aber wuchs in grüngemusterter Stille
> In des Jahrhundertanfangs kühlem Kinderzimmer.
> Lieb war mir keine Menschenstimme,
> Verständlich, was der Wind sprach und verschwieg.
> Die Nessel liebte ich und die wilden Kletten,
> Am meisten meine Weide, silberblättrig.
> Und, dankbar, lebte sie das ganze Leben
> Mit mir, wehte mit weinenden Zweigen
> Mir Träume in die Schlaflosigkeiten...
> Nun, seltsam, habe ich sie überlebt.
> Dort ragt der Stumpf, mit leisen Stimmen
> Reden andere Weiden fremde Worte
> Unter dem alten, unter unserem Himmel.
> Ich schweige, schweig. Als wär ein Bruder gestorben.

(Kirsch 1988, 25).

Ich sehe eine silberblättrige Weide inmitten einer grünen Wildnis. Die Zweige wehen leicht im Wind. Der Himmel ist grau. Ein sanftes Säuseln des Windes ist zu vernehmen, welches allmählich zur totalen Stille abebbt. Es ist kühl. Ein leichter Regen fällt.

1. optische Wahrnehmungen:

- silberblättrige Weide (silberblättrig, mit weinenden Zweigen)
- grüne Wildnis (in grüngemusterter Stille, Nessel, die wilden Kletten)
- wehende Zweige (wehte mit weinenden Zweigen)

2. akustische Wahrnehmungen:

- Säuseln des Windes (wehte mit weinenden Zweigen, mit leisen Stimmen)
- allmähliches Abebben zu totaler Stille (Ich schweige, schweig.)
- leichter Regen (mit weinenden Zweigen)

3. dermale Wahrnehmungen
- Kühle (kühlem Kinderzimmer)
- Nässe (mit weinenden Zweigen)

Die Grundstimmung empfinde ich als traurig-verhalten. Vermutlich ist es vor allem der hoffnungsstrahlende Begriff "grüngemustert", der keine tiefe Melancholie aufkommen lässt, der solche Begriffe wie "Stumpf" und "gestorben", verbunden mit der Endgültigkeit des Todes, in den Hintergrund drängt. Zum Empfinden der verhaltenen Atmosphäre trägt sicher die Wendung "mit leisen Stimmen" bei. Auch "weinen" hat für mich etwas Verhaltenes – hier wohl durch die Nähe zum klanglich ähnlichen Wort "leise". Es ist ein Weinen, welches langsam in einen erlösenden Schlaf übergeht. (siehe Empfinden des Abebbens). Insgesamt fiel es hier wesentlich schwerer als beim Original, einer einheitlichen Grundstimmung nachzuspüren. So stand die Vorstellung einer üppigen grünen Wildnis im starken Kontrast zu einem Empfinden von Zartheit und Melancholie durch das Bild der Weide und der Träume in schlaflosen Nächten.

3. Zur Übersetzung von Barbara Honigmann

> Ich aber wuchs in buntbestickter Stille
> Im kühlen Kinderzimmer des Jahrhunderts.
> Da liebte ich nicht der Menschen Stimme,
> Aber die Stimme des Windes verstand ich.
> Ich liebte Kletten und Brennnesseln,
> Aber am meisten die silberne Weide.
> Und sie, die dankbare lebte mit mir
> Das ganze Leben. Ihre Zweige wehen mir
> Als Träume in die schlaflos langen Nächte.
> Und, sonderbar, ich hab sie überlebt.
> Dort steht ihr Baumstumpf. Doch mit fremden Stimmen
> Reden andere Weiden irgendwas,
> Aber unter diesen, unter unseren Himmeln.
> Und ich schweige ... So als wär ein Bruder mir gestorben.
> (Achmatova 1988, 21).

Ich sehe ein Kinderzimmer mit Kinderbett. Auf dem Bett liegt eine buntbestickte Decke. Vor dem Fenster sind hochgewachsene Kletten und Brennnesseln zu sehen. Eine silberne Weide erscheint irgendwo – unwirklich, schemenhaft.

Sie scheint ein Traum zu sein. Der Traum ist von raunenden Stimmen erfüllt. Im Zimmer ist es kalt.

1. optische Wahrnehmungen

- Kinderzimmer (Kinderzimmer)
- Kinderbett mit bunter Decke (in buntbestickter Stille)
- hohe Kletten und Brennnesseln (Kletten und Brennnesseln, enzyklopädisches Wissen – Beschreibung der Besymânny-Gasse durch Achmatova)
- silberne Weide (silberne Weide)
- Unwirkliches, Schemenhaftes (als Träume)

2. akustische Wahrnehmungen

- raunende Stimmen (reden andere Weiden irgendwas)

3. dermale Wahrnehmungen

- Kälte (Im kühlen Kinderzimmer)

Die Grundstimmung würde ich am ehesten als mystisch-unheimlich beschreiben. Ein leeres kühles Kinderzimmer, raunende Stimmen, ein verwilderter Garten sind leicht mit Erinnerung, Verlassenheit, den Seelen von Toten zu assoziieren. Mir fällt es schwer, eine einheitliche Stimmung zu ermitteln. Den Begriff "buntbestickt" empfinde ich als irritierend. Da ich sehr empfänglich für Farbvorstellungen bin, wird bei mir durch dieses Wort der gesamte *scene*-Aufbau durch ein Farbensehen gestört. *Scenes*, die ansatzweise entstehen, werden durch einen grellen rot-gelb-blauen Schleier überlagert. "Buntbestickt" in der Nähe von "Kinderzimmer" lenkt meine Assoziationen außerdem zu Beginn in eine ganz bestimmte Richtung: von "buntbestickt" zu "Decke" zu "Bett", was kaum beabsichtigt sein kann, sieht man sich die *frames* in unmittelbarer Umgebung an.

Ebenfalls störend empfand ich den Ausdruck "**silberne** Weide". Er hat etwas Künstliches, Unwirkliches. Eine "**silberblättrige** Weide" kann ich mir besser vorstellen. Beim russischen "серебряную" war für mich der Klang wichtiger, den ich als angenehm und der Stimmung angemessen empfand. Hinzu kommt, dass bei Barbara Honigmann "silbern" einen Kontrast zu "buntbestickt" darstellt.

Bei der Zuordnung der *frames* und außersprachlichen Aspekte zu den erzeugten Sinneswahrnehmungen innerhalb eines jeden Stimmungsbildes wurde deutlich, dass sich vier Bereiche ausmachen lassen, die für die Erzeugung von Stimmungen verantwortlich sind: lexikalische *frames*, formale *frames*, persönliche Vorerfahrungen / Dispositionen und enzyklopädisches Wissen. Die beiden letztgenannten Bereiche stehen natürlich nicht isoliert neben den *frame*-Bereichen. Sie werden ja erst durch entsprechende lexikalische und formale *frames* aktiviert.

1. Zu den formalen *frames* ist mir aufgefallen, dass sie bei dem *scene*-Aufbau des Originals eine große Rolle gespielt haben, bei den Übersetzungen hingegen nicht oder nur unbewusst.

Zum einen mag das daran liegen, dass mir die fremdsprachige Lexik weniger vertraut ist. So waren die Assoziationen mit einzelnen Begriffen nicht so deutlich und reichhaltig. Folglich konzentrierte ich mich verstärkt auf Klang und Rhythmus der Worte und Verse.

Zum anderen scheinen die formalen *frames* im Original tatsächlich bewusster als Stilmittel zum Einsatz zu kommen. Das Original zeichnet sich durch ein regelmäßiges Reimschema und eine feste Versstruktur aus, was bei den Übersetzungen nicht der Fall ist.

Fazit für das Objektivieren:

Auch wenn mir die formalen Mittel bei den Übersetzungen nicht aufgefallen sind, sollte ich sie kritisch untersuchen, gerade um Unterschiede zum Original herausstellen und an diesen Unterschieden Erhalt, Verlagerung oder Verlust von Wirkungen festmachen zu können.

Ebenso muss ich darauf achten, die Wirkung der formalen Mittel im Original nicht über zu bewerten.

2. Für die lexikalischen *frames* ist das Umgekehrte der Fall. Sie wirkten viel stärker in den Übersetzungen als im Original.

Der Hauptgrund dafür liegt sicher in der größeren Vertrautheit mit dem deutschen Vokabular. Das zeigt sich u.a. daran, dass ich bei der Übersetzung von Honigmann mein eigenes Kinderzimmer und unseren damaligen tatsächlich von hohen Brennnesseln überwucherten, verwilderten Garten vor mir sehe, beim Original jedoch die "russische Weite", die ich während eines Workcamps im Ural so intensiv erlebt habe. Hier bestätigt sich das, worauf Vermeer hingewiesen hat, dass man umso mehr dia- oder parakulturell interpretiert, je fremder einem ein Phänomen ist, oder eben umso mehr idiokulturell, je vertrauter einem ein Phänomen ist. (Vermeer 1990, 26). Fremdheit / Vertrautheit bezieht sich hier auf die *frames* als solche. Fremdsprachliche *frames* werden mir nie so vertraut sein können, wie muttersprachliche *frames*, selbst wenn sie etwas ausdrücken, was mir vertraut ist.

Fazit für das Objektivieren:

Es ist wichtig, sich mit der fremdsprachigen Lexik des Originals intensiv vertraut zu machen. Schließlich soll ja versucht werden, die Wirkung des Originals für die Muttersprachler nachzuempfinden, denen die *frames* des Originals genauso nahe sind wie mir die *frames* der Übersetzungen.

3. Wo eigene Erfahrungen und psychische Dispositionen im Spiel sind, gibt es sowohl Aspekte, von denen angenommen werden kann, dass sie rein individueller Art sind, als auch solche, die bei einem Durchschnittsleser von Original oder Übersetzung erwartet werden können. Ein individueller Aspekt ist bei mir beispielsweise die besondere Eigenschaft der intensiven Farbvorstellungen. Andere Leser der Übersetzungen müssen die Begriffe "grüngemustert" oder "buntbestickt" gar nicht als störend empfinden. Hier darf z.B. nicht vorschnell über die Lexikwahl geurteilt werden.

Fazit für das Objektivieren:

Wo eigene Erfahrungen und Dispositionen zum *scene*-Aufbau beigetragen haben, müssen die Aspekte, die individuell sind, herausgefiltert und ihre Wirkung kritisch eingeschätzt werden. Für den übersetzungsrelevanten *scene*-Aufbau wie auch für die Beurteilung von Übersetzungen sollten Erfahrungen und Assoziationen Vorrang haben, die vermutlich dia- oder parakultureller Art sind, (bezogen auf ausgangs- und zielsprachliche Kultur).

4. Enzyklopädisches Wissen habe ich spontan nur sehr geringfügig eingesetzt. Es kam zur Geltung bei der klanglichen Assoziierung "Stalin" – "stahlgrau" oder bei der Visualisierung der Brennnesseln und Kletten in einer der Übersetzungen. Hier wurde Wissen aus der Biographie Achmatovas und aus der Entstehungsgeschichte des Werkes einbezogen. Insgesamt kam beim spontanen *scene*-Aufbau nur wenig von dem zum Tragen, was ich über Anna Achmatova, ihre Zeit und die Entstehung des Gedichtes weiß.

Fazit für das Objektivieren:

Für den übersetzungsrelevanten *scene*-Aufbau beim Original und für ein möglichst objektives Einschätzen der Übersetzungen muss umfangreiches enzyklopädisches Wissen eingesetzt werden. Nur so kann das prototypische Wissen der Leser des Originals nachvollzogen und auch erkannt werden, was Stil des Dichters, was hingegen Stil russischer und deutscher Gedichte der jeweiligen Entstehungszeit ist.

Der Titel eines Textes, bei Gedichten gewöhnlich als Überschrift bezeichnet, dient der Identifizierung eines Textes, "indem er explizit oder implizit Informationen über den betitelten Text, den 'Ko-Text' liefert". (Nord 1993, 27). In der Regel versucht der Rezipient, einen Zusammenhang zwischen Titel und Text herzustellen:

> Wenn wir vom 'Zusammenhang' zwischen Titel und Co-Text sprechen, meinen wir eigentlich etwas anderes: Der Titel [...] steuert durch die Erwartungen, die er weckt, das Verständnis des Textes. (Nord 1993, 33).

Auf welche Weise hat nun die Überschrift "Iva" (Weide) bei mir das Verständnis des Textes gesteuert? Wie wurde der Aufbau von *scenes,* die Bildung von Assoziationen (Vermeer 1990, 53) in eine ganz bestimmte Richtung gelenkt?

Bei mir steht die Weide im Mittelpunkt des Stimmungsbildes. Alles, was sonst noch vorkommt, steht in Beziehung zu ihr. Ich habe die Weide als den Baum verstanden, den Anna Achmatova in ihrer Kindheit so geliebt hat. Dabei dachte ich an eine Trauerweide, da das die für mich vertrauteste Weidenart ist. Diese Vorstellung hat mit zu der sehnsuchtsvoll-melancholischen Grundstimmung beigetragen. "Trauerweide" ruft logisch-assoziativ Begriffe wie Trauer, Leid, Tod auf.

Angesichts der Vorbehalte der Akmeisten gegenüber dem Symbolismus scheint es fraglich, ob es sich lohnt, sich eingehender mit der Symbolik der Weide zu befassen. Eine Rose soll doch einfach wieder eine Rose sein und nicht mehr für das Mädchen stehen. (Achmatova, 1988, 23). Man muss jedoch in Betracht ziehen:

> dass da, wo der häufige Verursacher des Leids – nämlich die staatliche Willkür und Gewalt – hätte genannt werden müssen, eben nicht konkret gesprochen werden konnte, sondern zur Verschleierung und zum Selbstschutz die sogenannte äsopische Sprache herhalten musste. (Borowsky 1993, 17).

In der Antike stand die Weide für "Unfruchtbarkeit" und "Keuschheit". Die Weide wurde zur heiligen Pflanze der jungfräulichen Göttin Kore, die als Persephone mit der Unterwelt in Verbindung stand. (Lurker 1991, 818).

Diese Bedeutung muss Achmatova bewusst gewesen sein. Gerade mit der Figur der Persephone hatte sie sich intensiv auseinandergesetzt. Sie ist Gegenstand einer ihrer Elegien aus dem Zyklus "Severnye elegi" (Nördliche Elegien). Der Reiz der Persephone besteht für sie in ihrer Widersprüchlichkeit. Einerseits sei sie die Geraubte, die Entrissene gewesen, andererseits die schöne, leichtfertige Teufelin. Achmatova spielt mit diesem Bild, resümiert über ihre eigene Widersprüchlichkeit. Sie sieht sich als die Verfemte, die Missverstandene, aber auch als die von der "Folter des Glücks" Verfolgte und Schuldige.
(Hässner 1998, 99).

In der christlichen Tradition steht die Weide vor allem für den Tod. Judas soll sich nach seinem Verrat an einer Weide erhängt haben. (Lurker 1991, 818). Auch in Russland scheint dieser Zusammenhang im Volk bewusst zu sein. Nicht umsonst hat die Zensur den Titel "Iva" für den 1940 erschienen Gedichtband Achmatovas abgelehnt. Zu offensichtlich war trotz "äsopischer Sprache" die Anspielung auf die damalige gesellschaftliche Situation im Land.

Bei der Wahl der Überschrift und beim Schreiben des Gedichtes haben vermutlich beide Symbolebenen eine Rolle gespielt. Achmatova will etwas über sich persönlich aussagen. Es gab Zeiten des unbeschwerten Glücks während ihrer Kindheit (Weide in Zarskoje Selo als Symbol der "Keuschheit"). Solche Zeiten sind endgültig vorbei. Die Weide ist gefällt, damit negativ konnotiert. Das lyrische Ich fühlt sich als Entrissene, hat aber auch Ruhm erlebt und selbst "Verbrechen" auf sich geladen. (Weide als negatives Symbol der "Unfruchtbarkeit", als der Baum Persephones).

Parallel dazu bezieht sich das Gedicht wohl auf ganz Russland, auf das gesamte russische Volk. Hier steht die Todessymbolik im Vordergrund. Die ungefällte Weide könnte dann eine Art Vorahnung des kommenden Unheils darstellen. Anna Achmatova soll von Kindheit an von solchen Vorahnungen geplagt worden sein. Alles, was sie umgab und was in ihr Blickfeld geriet, war für sie "von unausgleichbaren Spannungen erfüllt", "die sie schon in jungen Jahren als tragisch-schicksalhaft empfand und als latente, jederzeit sich entladende Bedrohung verinnerlicht hat.". (Hässner 1998, 22). Die gefällte Weide stellt sie mit dem ganzen Volk Russlands vor vollendete Tatsachen (Konfrontation mit dem Terror Stalins und dem Zweiten Weltkrieg). Die Verschmelzung der persönlichen mit der überpersönlichen Ebene würde auch der von Achmatova aufgenommenen "Philosophie des Leidens", dem "Einssein mit den leidenden Anderen" entsprechen.

Sicher ist die symbolische Deutung für einen Leser nicht obligatorisch. Das Gedicht kann auch auf Grund des konkreten narrativen Inhalts interpretiert werden. Wir als Übersetzer sind aber eine Art Modell-Leser (Pankow 1993, 123) und stehen deshalb in der Pflicht, soviel wie möglich an sprachlichem und außersprachlichem Kontext zur Erhellung des "objektiven" Sinnes einzubeziehen. Bezüglich des Begriffs "Iva" kann festgehalten werden, dass bei allen hier angeführten möglichen Deutungen die Todessymbolik im Vordergrund zu stehen scheint. Mit dieser ist auch das deutsche Wort "Weide" verbunden, so dass hier eine Änderung der Überschrift bei der Übersetzung unnötig ist. Hier ist eine "Verwandlung" auf Grund vorrangig symbolischer Bedeutung nicht angezeigt. (siehe Kapitel zu Exotisierungen).[2]

---

[2] Eine Art Überschriftenfunktion nimmt bei diesem Gedicht außerdem ein vorangestelltes Puschkinzitat ein. Da es aber, von meiner Erfahrung ausgehend, als nicht unmittelbar zum Gedicht gehörig empfunden wird, kann seine Auswirkung auf die Interpretationslenkung nur gering sein. Ich werde es deshalb hier vernachlässigen.

9.1.3. Zu den Teil-scenes

Bei der Vorstellung möglicher Gesamt-*scene*-Strukturen von Texten wurde bereits erwähnt, dass die Gedichte Achmatovas Prosastil aufweisen. (Borowsky 1993, 16). Sachlich-nüchtern wird ein Geschehen berichtet.

Neben dem Stimmungsbild sehe ich daher eine weitere Struktur als bedeutend für die Gestaltung der Ganzheit an – die der thematischen Progression. In diesem Fall geht es um eine **erzählende** Ausgestaltung des "Textthema[s] zum Gesamtinhalt des Textes." (Bußmann 1990, 786). Dem Textthema entspricht die Weide. In der Erzählweise habe ich bei diesem Gedicht Grundzüge eines Dramas (= griech.-lat. "Geschehen") erkannt:

1. ist das Grundthema ein Konflikt polarer Kräfte (Mensch – Natur), der Spannung erzeugt;
2. gibt es eine Art Kampf des Helden (hier des lyrischen Ichs) mit einer Gegenmacht – den menschlichen / fremden Stimmen. (Wilpert, 1989, 207).

Entsprechend der drei Einheiten eines Dramas ist in diesem Gedicht die Gestaltung von Ort, Zeit und Handlung strukturgebend. Dem Schauplatz Bühne entspricht ein relativ klar umrissener Ort des Geschehens im Gedicht. Fixpunkt ist die Weide und deren unmittelbare Umgebung.

Verbunden mit dem Dramenaufbau ist eine straffe chronologische Ordnung. (Wilpert 1989, 223). So werden auch hier in konsequenter zeitlicher Abfolge "Ereignisse" und Stimmungen wiedergegeben aus der Kindheit, aus der Zeit bis zum Heute und aus dem Heute.

Hinsichtlich der Handlungsstruktur lassen sich die Szenen in das herkömmliche pyramidenförmige Schema des Dramenaufbaus einordnen. Abgegrenzt werden sie durch den Wechsel der handlungstragenden Rolle. Dieser Wechsel findet statt zwischen dem lyrischen Ich, der Weide und anderen Weiden.

Es sind also die **Zeit- und Handlungsstrukturen**, die der Bestimmung und Abgrenzung der einzelnen *scenes* dienen. Wie bereits beschrieben, ist es für Achmatova typisch, dass Stimmungen genau fixiert und voneinander isoliert wiedergegeben werden. Hässner nennt das "poetische Fixierungen von wechselnden Stimmungen" (Hässner 1993, 34).
Stimmungs- / Szenenwechsel - dazu trägt der dramaartige Aufbau bei.

Jede Teil-*scene* entspricht einer Teilstimmung. Bei der Beschreibung der Stimmungsbilder von Original und Übersetzungen wurde deutlich, dass die Einzelwahrnehmungen zu verschiedenen Anteilen durch lexikalische und formale *frames* und durch Vorerfahrungen und enzyklopädisches Wissen hervorgerufen werden. Um alle vier Aspekte beim Übersetzungsvergleich gebührend zu berücksichtigen, soll der Aufbau der Teil-*scenes* auf zwei Ebenen betrachtet werden, auf der wörtlichen und der stilistischen. Diese zwei Ebenen entsprechen den ersten zwei von Junkes-Kirchen genannten Erfassungsebenen von literarischen Texten.

Auf der wörtlichen Ebene wird gefragt: Was passiert? Dabei muss beachtet werden, dass der Bedeutungsumfang eines lexikalischen *frames* eine Art Grundprogramm darstellt, welches im Kontext auf die individuelle Textbedeutung hin konkretisiert wird. (Stolze 1986, 149). Hinzu kommt der außersprachliche Hintergrund, der die jeweilige Wahl eines lexikalischen *frames* mitbestimmt. Gemeint sind Aspekte wie kulturell und individuell bedingte Konnotationen, literarische Traditionen der Interpretation und Verwendung bestimmter Wörter oder kulturelle Konventionen (Pankow, 1993, 7), alles in allem "Enzyklopädie und Vorerfahrungen".

Die stilistische Ebene umfasst "stilistische Werte des sprachlichen Ausdrucks (d.h. Stimmungen, ironische oder tragische Untertöne, Appelle an den Leser usw.)" (Junkes-Kirchen 1988, 63). Auf dieser Ebene wird gefragt: "Wie passiert etwas?". Hier werden nun die formalen *frames* einbezogen, die entscheidend zur Erzeugung von Stimmungen beitragen. Um ihre (intendierte) Wirkung möglichst objektiv einschätzen zu können, müssen wieder enzyklopädisches Wissen und die Vorerfahrungen des jeweiligen Lesekreises herangezogen werden.

Auf der zweiten Ebene jeder Teil-*scene* wird als Ergebnis eine Teilstimmung ermittelt, die in die abschließend zu bestimmende Gesamt-*scene* einfließt. Dies entspricht dann der dritten Erfassungsebene, dem "Verständnis des künstlerischen Ganzen". (Junkes-Kirchen 1988, 63).

9.1.4. Scene-Struktur des Originals

Aus den Strukturen von Zeit und Handlung ergibt sich folgende *scene*-Struktur:

	Lyrisches Ich	**Weide**	**Andere Weiden**
Kindheit	а я росла		
	не был мил мне		
	был понятен мне		
	я любила		
Übergangszeit		она жила	
		овеивала	
Grenze zum Heute	я её пережила		

Heute	я молчу	пень торчит	другие ивы что-то
			говорят

Daraus ergeben sich 6 Szenen:
1. Lyrisches Ich in der Kindheit (Kindheits-*scene*)
2. Weide in der Zeit von der Kindheit bis heute (Übergangs-*scene*)
3. Lyrisches Ich an der Grenze zum Heute (Grenz-*scene*)
4. Weide im Heute (Heute-*scene*)
5. Andere Weiden im Heute (Heute-*scene*)
6. Lyrisches Ich im Heute (Heute-*scene*)

Diese lassen sich recht leicht in das herkömmliche fünfstufige Dramenschema von Gustav Freytag einordnen. (Wilpert 1989, 208). So entsprechen
- der Exposition die Szenen 1 und 2; der
- der Spannungssteigerung die Szene 3; dem
- dem Höhepunkt die Szene 4; der
- der fallenden Handlung die Szene 5 und der
- der Katastrophe / Lösung die Szene 6

Diese Struktur stellt nun gewissermaßen den Interpretationsrahmen dar.

9.2. Die Übersetzungen - Interpretationsstandpunkt und Übersetzungskonzeption

Der **Standpunkt eines Übersetzers**, die Art und Weise, wie er sich einem Werk nähert, hängt von seinen apriorischen Grundsätzen ab und von den Erwartungen, die er bewusst oder unbewusst mit dem Werk verbindet. Die **Übersetzungskonzeption** ergibt sich aus der Interpretation der ermittelten objektiven Werte von eben diesem Standpunkt aus. Die Freiheit die ihm dafür gegeben ist, hängt vom jeweiligen Skopos ab.

Für die beiden vorliegenden Übersetzungen gilt, dass vermutlich keine bestimmte Absicht verfolgt wurde.[3] Ich würde deshalb bei beiden nur den Minimalskopos ansetzen, d.h. die Ausrichtung auf den Rezipientenkreis. Die Übersetzung Rainer Kirschs erschien 1967 im Verlag Volk und Welt. (Mierau1988, 297). Barbara Honigmanns Übersetzung wurde 1988 in der Friedenauer Presse veröffentlicht. (Achmatova 1988, 21). Diese Unterschiede im zeitlichen Erscheinen wie auch in der Zielgruppe (ostdeutsches vs. westdeutsches Publikum) erscheinen mir jedoch bezüglich des hier behandelten Gedichts als gering genug,

---

[3] In einem Schreiben der Friedenauer Presse, vertreten durch Katharina Wagenbach heißt es: "es gab keinen Auftrag meinerseits an Frau Honigmann." Bezüglich der Übersetzung von Rainer Kirsch erhielt ich keine Auskunft. Der Verlag "Volk und Welt" existiert nicht mehr. Eine Mitarbeiterin des "Nachfolgeverlags" konnte mir keinerlei weiterführende Information geben.

um vernachlässigt zu werden. Ich würde deshalb den Rezipientenkreis für beide Übersetzungen gleichsetzen und folgendermaßen beschreiben: Die Übersetzungen wenden sich an den deutschen Leser (Lyrikliebhaber) der heutigen Zeit.

9.2.1. Zur Übersetzung von Rainer Kirsch

Im Gegensatz zu anderen Nachdichtern, die selbst Gedichte schreiben, ist Kirsch als Lyriker nicht profiliert. (Pankow 1993, 81). Zum einen schützt ihn das davor, den Stil des Originalautors durch seinen eigenen zu überprägen, zum anderen besteht die Gefahr der Verwendung eines inkonsequenten Stils.

Nach eigenen Darlegungen geht es Kirsch beim Übersetzen um die "Übertragung der Gedanken und der Haltung" des Dichters. "Haltung" bezieht sich sowohl auf die Haltung zur Welt (affektive Aspekte) als auch auf die Haltung zur Sprache (Einsatz poetisierender Verfahren) (Kirsch 1976, 78). So sollen die formalen Mittel rein funktional betrachtet werden, hinsichtlich ihres Beitrages zur poetischen Mitteilung (= Gedanken +Haltung). Das bedeutet, dass sie beim Übersetzen austauschbar sind:

> Ein Verfahren kann das andere ersetzen, wenn es für die poetische Mitteilung annähernd das gleiche leistet wie das originale. (Kirsch 1976, 84).

Entsprechend dieser Auffassung schlägt er beispielsweise für die Übersetzung eines Gedichtes aus der Mitte des 15. Jh. die Einstreuung veralteter deutscher Wendungen vor:

> Tatsächlich genügen, um die Information, dass es sich um ein "altes" Gedicht handelt, poetisch zu transportieren, wenige solcher Wendungen. (Kirsch 1976, 47).

Dass solche Einstreuungen willkürlich oder befremdend wirken könnten, sieht er angesichts seines Verständnisses von Nachdichtung als normal an. Eine Nachdichtung solle

> nicht vortäuschen, sie sei ein originales Werk. Züge von *Fremdheit*, die auf das Alter der Vorlage, die Herkunftssprache oder andere Besonderheiten weisen, schaden ihr nicht, sondern machen sie reicher und genauer. (Kirsch 1976, 48).

Eben diese Betrachtungsweise scheint die Gefahr in sich zu bergen, dass der Stil der Übersetzung uneinheitlich wird. Dagegen steht die Auffassung Liedtkes, die ich hier ebenfalls vertrete: Übersetzen ist die Schaffung eines Originals für eine bestimmte Leserschaft. (Liedtke 1997, 20).

Kirsch geht es um die Übertragung der poetischen Mitteilung.

Eine eigene Stimme erlaubt er sich im Einklang mit den theoretisch deklarierten Prinzipien nicht. (Pankow 1993, 81).

9.2.2. Zur Übersetzung von Barbara Honigmann

Bei Barbara Honigmann scheinen die Dinge eindeutiger zu liegen als bei Rainer Kirsch. Sie ist Schriftstellerin, gibt dem Wort den Vorrang. Die Rolle des Schreibens sieht sie als

> auf den Anderen einreden, hoffend, gehört zu werden, vielleicht sogar verstanden, ihn anrufend: Sieh mich an! Hör mir zu, wenigstens fünf Minuten. (Honigmann 1999, 47).

Ihr geht es klar um eine Botschaft, die herübergebracht werden soll. Die Biographie Honigmanns legt nahe, dass sie sich stark mit Anna Achmatova identifiziert, was das Anliegen der Übermittlung einer Botschaft noch verstärken würde. Wie Anna Achmatova fühlt sie sich als die Getrennte, Fremde, Unbehauste.

Zum Thema **"Getrenntsein"** heißt es über Achmatova:

> Ihre Lyrik lebt vom Gefühl des Nichthabens, der Trennung, des Verlustes. (Čukovskij 1988, 235).

Barbara Honigmann, die als Jüdin lange Zeit in Ostberlin gelebt hatte, schreibt zu ihrem Entschluss, nach Straßburg zu ziehen:

> Ich werde mich lieber trennen, beschloss ich, absondern, am Rande bleiben, in der Entfernung. Am besten in einem anderen Land leben, nur in einer Nachbarschaft zu den Deutschen, ohne Verlegenheit, das wäre schon viel. (Honigmann 1999, 45).

Die Erfahrung von **Fremdheit** wird bei Anna Achmatova nach ihrem Aufenthalt in Taschkent ganz explizit Thema ihrer vierten Elegie. Darin heißt es, sie sei eine Fremde an fremden Orten. (Hässner 1998, 100). Honigmann sieht sich als Fremde in Straßburg:

> Hier in Frankreich geht mich alles viel weniger an. Ich bin nur ein Zuschauer, ein Gast, eine Fremde. (Honigmann 1999, 17).

Anatolij Najman, Achmatovas Sekretär in ihren letzten Lebensjahren, prägte das Wort der **"Unbehaustheit"** der Achamatova. (Hässner 1998, 126). Honigmann bedient sich des gleichen Begriffes, spricht von einem "Zustand der völligen Unbehaustheit", den der Vater ihr hinterlassen hätte, da sie nichts über seine Vorfahren wisse. (Honigmann 1999, 34).

Und noch etwas verbindet Achmatova und Honigmann. Beide lieben es, ihr Leben mit Legende zu umgeben. Zu Achmatova schreibt Hässner:

> Ihre Phantasie hat eine für sie spannende Legende geschaffen, in der sie Platz nahm oder sich beeinflusst und eingeschlossen sah. Ohne die verschieden mythologisch-phantastischen Anreicherungen ihres Lebens sollte sie in Zukunft nicht mehr auskommen. (Hässner 1998,15).

Honigmann verbindet durch Legende ihre Herkunft mit ihrer neuen Heimat in Frankreich:

> Für mein neues Straßburger Leben hatte ich mir eine Legende zurechtgelegt, nach der ich nämlich gar nicht her-, sondern vielmehr hierher zurückgekommen bin, da eine meiner Großmütter eine geborene Weil war, und ja jeder weiß, dass alle Weils in allen Schreibweisen aus dem Rheintal kommen, und ich also in dieser Linie meiner Familie von dort stamme. (Honigmann 1999, 59).

Die aufgezeigten Parallelen legen die Vermutung nahe, dass Barbara Honigmann in Anna Achmatova eine Identifikationsfigur sieht und sich deshalb ihren Werken, insbesondere der Aussage dieser, widmet. Die Aufnahme künstlerischer Werte und ein eigener künstlerischer Anspruch scheinen dabei in den Hintergrund zu treten.

9.3. *Gegenüberstellung der Teil-scenes von Original und Übersetzungen*

9.3.1. Zu scene 1

9.3.1.1. Die wörtliche Ebene (Betrachtung der lexikalischen *frames*)

Ich gebe hier eine Interlinearversion der ersten Szene und fasse im Anschluss den Inhalt kurz zusammen. Die Hinzunahme biographischer Details soll die expressive Intention erhellen.

    1. Aber ich wuchs auf in gemusterter Stille,
    2. Im kühlen Kinderzimmer des jungen Jahrhunderts.
    3. Und nicht war lieb mir die Stimme des Menschen,
    4. Aber die Stimme des Windes war verständlich mir.
    5. Ich liebte Kletten und die Brenn-Nessel,
    6. Doch am meisten die silberne Weide.

Das lyrische Ich erzählt, dass es Anfang des Jahrhunderts aufwuchs. Solche Zeitangaben sind für Achmatova typisch:

> Menschen wie Dinge oder Ereignisse wurden von der Achmatova fast immer vor einem historischen Hintergrund gestaltet, ohne ihn stellte sie gar keine Überlegungen darüber an. Darum wohl wurden Worte wie "Jahre", "Epoche", "Jahrhunderte" bei ihr so vielsagend und wichtig. (Čukovskij 1988, 244).

Sie erhebt sich damit über den Rahmen ihrer eigenen Biographie, ihre Kindheit war "kühl", aber auch die Epoche überhaupt. Alle Biographen Achmatovas schreiben, "dass sie keine schöne, behütete, von Poesie und Kunst erfüllte Kindheit gehabt hat." (Hässner 1998, 15). Bei der Biographin Elena Kuzmina heißt es, dass es dem Vater nicht gelingen wollte,

> die Finanzen seiner Familie zu regeln. Bedenkt man außerdem, dass er "gern lebte", dass die Familie zahlreich war, dass die sechs Kinder ständig kränkelten, so fällt die Vorstellung nicht schwer, dass weder die äußeren noch inneren Umstände den Familienmitgliedern Ruhe und Geborgenheit schenken konnten. (Kuzmina 1993,12).

Die "Stimme des Menschen" liebte das lyrische Ich nicht, dafür aber die Stimme des Windes, die Kletten, die Brennnessel und vor allem die silberne Weide.
Die "Stimme des Menschen" steht hier mit großer Sicherheit für die Zivilisation, die mit ihren Zwängen und Regeln für das lebhafte, freiheitsliebende Mädchen eine Tortur waren. Kuzmina schreibt, es sei die "grüne feuchte Pracht der Parks" gewesen,

> die jene von den Regeln des Anstands nicht gefesselte Freiheit gewährten und wenigstens annähernd an die "heidnische Kindheit" auf der Krim erinnerten. (Kuzmina 1993, 27).

Mit "heidnisch" hatte Achmatova selbst ihre sehr freie Kindheit während der Sommer auf der Krim bezeichnet.. Die Ablehnung der kühlen Zivilisation, die Hinwendung zur Natur ist Hauptinhalt der ersten Szene. Rätselhaft bleibt die "gemusterte Stille" (узорная тишина). Ich habe den Begriff "узорный" mit mehreren russischen Studenten besprochen. Bei allen fand sich unter den vorgeschlagenen Übersetzungen: "bunt, vielfältig". Das macht für mich die Verbindung mit "тишина" noch seltsamer. Vielfalt, Buntheit sind Begriffe, die sehr laut wirken. Ich komme nun jedoch nicht umhin, mich auf eine Interpretation festzulegen, um später die Übersetzungsvarianten entsprechend einschätzen zu können:

Ein lautes geschäftiges Treiben umgab Anna. Aber alles war von Strenge und Starrheit gekennzeichnet, auf die Reden wollte sie nicht hören. So war es für sie still.

Ein Zitat aus der Achmatova-Biographie Kuzminas scheint ein solches Verständnis nahe zu legen:

Möglicherweise empfand man gerade in Carskoe Selo deutlicher als anderswo das ordnungswidrige Eindringen des zwanzigsten [...] Jahrhunderts. [...]. Deshalb reizten sie [Achmatova] jene wohlbemessenen Regeln, denen seit Urbeginn das wohlbemessene Carskoe Solo sich fügte, und sie beschreibt sich selbst, die wohlerzogene junge Dame, mit kaum verborgenem Sarkasmus. (Kuzmina 1993, 26).

9.3.1.2. Die stilistische Ebene (Einbeziehung der formalen *frames*)

Achmatova hält sich in der Form streng an die klassische Verskunst. Sie hält sich sowohl an feste Reimschemen (umarmender und Paarreim), als auch an das syllabische Prinzip (gleiche Länge der sich reimenden Verse), und an das tonische Prinzip (Wechsel von betonter / unbetonter Silbe). Diese Schlichtheit der Form steht im Widerspruch zur Gewichtigkeit des Inhalts. Durch das somit erzeugte Spannungsfeld wird die Tragik der Aussage verstärkt. Es gibt keinerlei Originalität in der Form, so dass die Konzentration auf den Inhalt gelenkt wird.

Das gewählte Reimschema nimmt eine logische Gliederung des Inhalts vor. Die negativen Themen – das kühle Kinderzimmer; die Stimme des Menschen – werden in einem Paarreim zusammen gefasst, ebenso die positiven – Kletten und Brenn-Nessel; silberne Weide.

Was die Verse des umarmenden Reims angeht, so wirkt ersterer wie eine Einleitung. Der zweite steht somit einzeln und kann als Kontrastmittel fungieren - als Abschluss des Themas "Mensch", als Einführung des Themas "Natur".

9.3.1.3. Zusammenfassung – Teilstimmung 1

Durch den so gewöhnlichen Rhythmus wird eine verhaltene, unaufgeregte Stimmung erzeugt. Und doch oder gerade dadurch wird im Zusammenspiel mit lexikalischen Mitteln die Einsamkeit des lyrischen Ichs und die Kälte spürbar. (узорная тишина; прохладная детская). Das lyrische Ich findet Trost in der Natur. Die Stimmung weist damit einen doppelten Kontrast auf: Die Tragik des Mitgeteilten steht in Opposition zur Unaufgeregtheit des Mitteilens, die Kälte und Einsamkeit in der Zivilisation zur Wärme und Geborgenheit in der Natur.

9.3.1.4. Vergleich des Originals mit den Übersetzungen

1. Zu Rainer Kirsch

   1. Ich aber wuchs in grüngemusterter Stille
   2. In des Jahrhundertanfangs kühlem Kinderzimmer.
   3. Lieb war mir keine Menschenstimme,
   4. Verständlich, was der Wind sprach und verschwieg.
   5. Die Nessel liebte ich und die wilden Kletten,
   6. Am meisten meine Weide, silberblättrig.

Rainer Kirsch zeichnet ziemlich genau den Inhalt nach. Auffällig ist allerdings seine Übersetzung "grüngemustert" in Zeile 1, sein Zusatz "verschwieg" in Zeile 4, außerdem die Auslassungen von "и" in Zeile 3, "a" in Zeile 4 und "но" in Zeile 6. Die Interpretation "grüngemustert" ist im Kontext der Autobiographie Achmatovas nachvollziehbar, aber sehr fraglich. Achmatova wuchs in der "grüne[n] feuchte[n] Pracht der Parks" (Kuzmina 1993, 27) auf. "узорный" scheint jedoch, wie bereits erläutert, eher mit "Vielheit", "Buntheit" assoziiert zu werden. Der Zusatz von "verschwieg" erfolgte vermutlich aus Gründen des Rhythmus. Kirsch verwendet hier ein Verfahren, dass er "Versfüllung" nennt. Ein Vers wird durch eine "neutrale Wendung ergänzt [...], die m.E. keine zusätzliche Unklarheit in den Text bringt." (Kirsch 1976, 66). Dass das in diesem Fall erreicht wurde, wage ich zu bezweifeln. Im Kontext geht es um Stimmen, um das Reden, nicht um Schweigen. Hier wurde ein vollkommen neues Thema aufgegriffen, was meines Erachtens nicht neutral wirkt, sondern als zusätzliche Information. Einen wesentlichen Einfluss auf die Wirkung haben außerdem die Auslassungen von "и", "a" und "но".

Was die formalen Mittel betrifft, so wird mit der Voranstellung des Genitivattributs in Zeile 2 und dem nachgestellten Adjektiv in Zeile 6 eine poetische Sprachverwendung angedeutet, die in der deutschen Volkspoesie häufig vorkommt. Mir fallen sofort zahlreiche Lieder und Gedichte ein, die sich dieser Mittel bedienen.

Zu "des Jahrhundertanfangs kühlen Kinderzimmer":
- "Des Maien Schein" (Der Winter ist vergangen)
- "des Frühlings holden belebenden Blick" (Osterspaziergang)

Zu "meine Weide, silberblättrig":
- Röslein rot (Das Heidenröslein)
- Der Freude viel (Komm lieber Mai)

Diese Umstellungen erzeugen an zwei Stellen Reimandeutungen oder Quasi-Reime, einmal davon in Verbindung mit der umgekehrten Nennung von Kletten und Brennnessel in Zeile 5.
"Kinderzimmer" scheint sich zu reimen auf "Menschenstimme".
"wilden Kletten" bildet einen solchen Quasi-Reim mit "silberblättrig".

Dass sich Rainer Kirsch hier nicht an die klassische Dichtform hält, spricht nicht automatisch gegen eine Wahrung der Wirkung. In der deutschen Lyrik der Gegenwart sind freie Rhythmen und reimlose Verse viel üblicher als im Russischen, entsprechen also den Lesegewohnheiten des deutschen Publikums. Die meisten russischen Lyriker der Gegenwart sind dagegen im Formalen recht konservativ. (Borowsky 1991, 41). Das heißt, dass russische Leser das Gedicht

Achmatovas von seiner Form her nicht als antiquiert empfinden, und so sollen das die Deutschen auch nicht. Die Wahl einer freien Rhythmik hat also durchaus ihre Berechtigung.

Jedoch wird beim rhythmischen Gestalten kein durchgängiger Stil, kein einheitliches Prinzip erkennbar. Das ursprünglich einfache, leichte Dahinfließen der Worte wird dadurch erheblich gestört. Die teilweise sehr poetische Sprachverwendung erinnert an das "Einstreuungsverfahren", das im Zusammenhang mit Kirschs Übersetzungsprinzipien vorgestellt wurde. Vielleicht ist das als ein Versuch Kirschs zu werten, durch ein adäquates Mittel die strenge Einhaltung der klassischen Form im Original anzudeuten.

Die Teilstimmung, die hier erzeugt wird, würde ich als "traurig-sentimental" bezeichnen. Scheinbar erfolgt hier eine einfache Aneinanderreihung von Erinnerungen aus der Kindheit – guten und schlechten. Das Fehlen des "u" bewirkt die Aufhebung jeglicher Hierarchisierung unter den schlechten Erinnerungen. Der Wegfall des "a" schwächt den Kontrast zwischen "Mensch" und "Natur" ab. Durch den Zusatz von "verschwieg" wird der Aufzählungscharakter verstärkt. Auch die Weide erfährt keine besondere Hervorhebung, da das "но" fehlt.

Auf Grund der fehlenden Spannung zwischen dem "Wie" und dem "Was" der Aussage wird außerdem die Tragik des Inhalts verflacht.

2. Zu Barbara Honigmann

   1. Ich aber wuchs in buntbestickter Stille
   2. Im kühlen Kinderzimmer des Jahrhunderts.
   3. Da liebte ich nicht der Menschen Stimme,
   4. Aber die Stimme des Windes verstand ich.
   5. Ich liebte Kletten und Brennnesseln,
   6. Aber am meisten die silberne Weide.

Auch Barbara Honigmann hält sich sehr eng an den Text des Originals. Lediglich die Übersetzung "buntbestickt" in Zeile 1 überrascht. Für die Ersetzung des "und" durch "da" in Zeile 3 scheint es nur vordergründig keinen Anlass zu geben. Auffällig ist außerdem, dass der "Jahrhundertanfang" in Zeile 2 ganz einfach zum "Jahrhundert" wird. Diese Entscheidung ist nachvollziehbar. Das Wort "Kinderzimmer" kann nämlich ohne Probleme in zwei Bedeutungen gleichzeitig verstanden werden – als Umgebung der Kindheit Achmatovas und als Kindheit (Anfang) des Jahrhunderts.

Was die Form angeht, ist bei Honigmann außer der Einteilung in Verse kein Unterschied zu einem Prosatext erkennbar. Die saloppe Verwendung von "da" verstärkt die Prosaähnlichkeit in der Erzählweise. Spannend ist, dass hier Honigmann mit Mitteln der Prosa, vor allem einer fast prosaischen Form, genau das zu erreichen scheint, was bei Achmatova durch Mittel der lyrischen Form zum Ausdruck kommt – Einfachheit, Leichtigkeit, Trivialität.

So entsteht eine dem Original sehr ähnliche Stimmung der Kälte und Einsamkeit, die durch die Naturbeschreibung abgemildert wird. Der Kontrast zwischen "Mensch" und "Natur" – das "aber" im Text - blieb erhalten, ebenso die Spannung zwischen dem "Wie" und dem "Was" der Aussage.

Störend ist jedoch der Begriff "buntbestickt". Dieses Wort verbindet sich im Deutschen eher mit "glücklicher Kindheit". Anna Achmatova hatte jedoch keine "rosenrote Kindheit". (Kuzmina, 1993, 14). Was soll denn "buntbestickt" bedeuten? Sicher hat Honigmann hier versucht den Kontrast zu "Stille" zu wahren. Der Kontrast ist auch zu spüren. Es bleibt aber unklar, was der Kontrast aussagen soll. Eine Interpretation, wie ich sie für das Original vorgenommen habe, wird hier nicht nahegelegt. Man könnte sich eventuell noch vorstellen, dass das "bestickt" Assoziationen mit unangenehmen Pflichtbesuchen hervorrufen kann - Häkel- oder eben Sticknachmittage bei irgendwelchen Tanten. Vielleicht soll "bestickt" auch für "begrenzt", "eingeengt" stehen. Mich jedenfalls hat der Begriff auch nach mehrmaligem Lesen einfach nur irritiert und den Aufbau einer kohärenten *scene* verhindert.

9.3.1.5. Gegenüberstellung der Übersetzungen

Während bei der Übersetzung von Rainer Kirsch die Stimmung stark verändert wird – keine Spannung, keine Kontraste, damit keine Tragik, keine Bewegtheit, bleibt sie bei der Übersetzung Honigmanns im Grunde erhalten. Durch die Unklarheit der Bedeutung "buntbestickt" wird eventuell bei den Lesern die Kohärenz des Szenenaufbaus gestört.

9.3.2. Zu scene 2

9.3.2.1. Die wörtliche Ebene (Betrachtung der lexikalischen *frames*)

Wieder beginne ich mit der Interlinearversion und Kommentaren zum historisch-biographischen Hintergrund, sofern ich sie für die Erhellung der Autorintention als wichtig erachte:

    1. Und, dankbare, sie lebte
    2. Mit mir das ganze Leben, mit weinenden Zweigen
    3. Schlaflosigkeit umwehte sie mit Träumen.

Schlaflosigkeit war bei Achmatova häufig die Bezeichnung ihres schöpferischen Zustandes. (Mierau 1988, 264). Achmatova hat oft die Kindheitserinnerungen zum Gegenstand ihrer "schöpferischen Zustände" gemacht. Zu nennen seien hier als Beispiele die "Ode auf Carskoe Selo" (Čukowskij 1988, 248) oder die zweite Elegie des Zyklus "Nördliche Elegien" (Hässner 1998, 99). Der Zusammenhang zwischen Kunstschaffen und Kindheit kommt in folgendem Zitat zum Ausdruck:

> -unbehaust wie sie lebte, war sie in einer Welt zu Hause, die, allein durch die Kletten, Disteln und Melde ihrer Kindheit und die Spiegel der Kunst begrenzt, nach allen Seiten hin offen war. (Mierau 1988, 259).

Der Ort der Kindheit scheint ihr Leben lang ihre Heimat geblieben zu sein. In der Kunst konnte sie ihn immer wieder neu für sich schaffen.

In *scene* 2 wird die Erinnerung an eine Weide beschrieben, eine Erinnerung wie an eine gute Freundin, die stets bei ihr war, sei es auch nur in Träumen.

9.3.2.2. Die stilistische Ebene (Einbeziehung der formalen *frames*)

scene 2 beginnt mit einem Vers, der zu einem umarmenden Reim gehört. Durch die Einteilung in *scenes* ist der zweite Teil jedoch abgetrennt. Dadurch und auch da es sich hier um einen nur rührenden Reim handelt (жила – пережила), erscheint diese erste Zeile recht selbständig. Sie wirkt wie eine Einleitung. Eine neue Zeit beginnt. Die Handlung geht außerdem ganz allmählich über vom lyrischen Ich zur Weide; erst wird nur darauf hingewiesen, dass die Weide lebt, später wird sie "handelnd". Der Rest der *scene* wird durch einen umarmenden Reim zusammengehalten. Weiterhin gilt auch das tonisch-syllabische Prinzip. Trotzdem wird das leichte Dahinfließen der Verse an einer Stelle unterbrochen. Zeile 2 enthält ein Enjambement; ein Gedanke wird über das Versende hinaus fortgeführt. Durch diese plötzlich andere Lesart, die eine höhere Konzentration erfordert, wird der Leser wachgerüttelt, seine Aufmerksamkeit auf den an dieser Stelle endgültig vollzogenen Wechsel des Handlungsträgers gelenkt – die Weide ist nicht mehr nur Gegenstand der Betrachtung, sie selbst wird lebendig. Durch lautmalerische Mittel wird das Unwirkliche dieser Lebendigkeit, was im Inhalt durch die Träume angedeutet wird, noch verstärkt, erhält geisterhafte Züge. Die Euphonie (ветвями овеивала) lässt einen das leise Säuseln des Windes, das sachte Wehen der Zweige nachempfinden.

9.3.2.3. Zusammenfassung – Teilstimmung 2

Die Gesamtstimmung ist wehmütig – mystisch. Die Wehmut wird durch den Inhalt erzeugt – eine schöne Erinnerung an eine gute Freundin, und durch die fortgesetzte Eintönigkeit des Rhythmus als Kontrast dazu verstärkt. Die Mystik kommt zum einen durch den Wechsel des Agens zustande – ein Baum wird personifiziert, erfährt eine Verwandlung. Zum anderen tragen die Erwähnung von Träumen und Schlaflosigkeit und lautmalerische Mittel dazu bei.

9.3.2.4. Vergleich des Originals mit den Übersetzungen

1. Zu Rainer Kirsch

   1. Und, dankbar, lebte sie das ganze Leben
   2. Mit mir, wehte mit weinenden Zweigen
   3. Mir Träume in die Schlaflosigkeiten...

Inhaltlich bleibt Kirsch dicht am Original. Die Wahl des Adverbs "dankbar" in Zeile 1 statt des Adjektivs tut dem Inhalt keinen Abbruch. Es kommt dem Sprachgebrauch im Deutschen näher. Ebenso scheint die Umstellung von "lebte" und "sie" wie auch das Vorziehen von "wehte" (Zeile 2) aus Gründen der Üblichkeit im deutschen Satzbau vorgenommen worden zu sein. Entsprechend wirkt die Sprache in dieser *scene* "üblich". Die Umstellung von "das ganze Leben" und "mit mir" ist nicht ganz nachvollziehbar, zumal es dadurch zu einer eigenartigen Betonung des "mir" kommt. Wahrscheinlich waren hier Erwägungen der rhythmischen Wirkung und der Angleichung der Verslänge ausschlaggebend. Durch die seltsam anmutende Pluralbildung "Schlaflosigkeiten" und ihre Verschiebung an das Zeilenende, entsteht wieder ein Quasi-Reim ("weinenden Zweigen" / "Schlaflosigkeiten").

Formal wurde das Original gut nachempfunden. Dass Kirsch sich nicht an das tonisch-syllabische Prinzip hält, fällt in dieser *scene* nicht ins Gewicht. Andere formale Mittel sind hier wesentlicher. Es finden sich sowohl das Enjambement als auch entsprechende lautmalerische Mittel – "**w**ehte **m**it **w**einenden **Z**wei**g**en". Auch der umarmende Reim wird nachgeahmt, so dass sich eine dem Original entsprechende Gliederung ergibt.

Die Stimmung von Teil-*scene* 2 dieser Übersetzung entspricht im wesentlichen der des Originals. Jedoch scheint die eigenartige Betonung von "mir" statt von "das ganze Leben" das Wehmütige etwas abzuschwächen. Die Erinnerung an eine Treue, die **"das ganze Leben"** währte, und der mitschwingende Schmerz über den Verlust dieser Treue kommt weniger nachhaltig zum Tragen.

2. Zu Barbara Honigmann

   1. Und sie, die dankbare lebte mit mir
   2. Das ganze Leben. Ihre Zweige wehen mir
   3. Als Träume in die schlaflos langen Nächte.

Die Übersetzung dieser *scene* kommt der Interlinearversion sehr nahe. Umstellungen geschehen nur aus syntaktischen Gründen – der prosaische Stil wird konsequent weitergeführt. Zeile 2 weist jedoch einen gravierenden Unterschied zum

Original auf – es vollzieht sich sowohl ein Wechsel des Agens (Zweige statt Weide) als auch der Zeit (wehen statt wehte). Somit erfolgt eine Zweiteilung der *scene*. Hier wird also schon auf das Heute vorgegriffen. Dieser Wechsel des Beschreibens vom damaligen Leben der Weide zum heutigen übriggebliebenen Wehen ihrer Zweige im Traum bedeutet ein Bruch in der zeitlichen Abfolge. Eine Vorahnung baut sich auf, dass in der Zwischenzeit etwas Tragisches geschehen sein muss. Die Ausdeutung der "Schlaflosigkeit" als "schlaflos, lange Nächte" erfolgte vermutlich aus klanglichen Gründen. Der Inhalt wird dabei nicht gravierend verändert.

Der Gesamt-*frame* von *scene* 2 bildet eine flüssig lesbare glatte Rede. Honigmann bewirkt wieder mit Prosaform, was Achmatova mit Lyrikform erreicht – den Kontrast zum Inhalt, damit die Verstärkung der wehmutsvollen Stimmung. Das Enjambement ist auch enthalten. Hier wird auch wirklich "das ganze Leben" betont. Lautmalerische Mittel zur Verstärkung des Mystisch-Geisterhaften kommen ebenfalls zum Einsatz ("**Le**ben" - "w**eh**en" / "schl**af**los" – "l**an**gen").

Teil-*scene* 2 des Originals wird bei dieser Übersetzung durch einen Perspektiv- und Zeitensprung in zwei *scenes* unterteilt. Dadurch wirkt das Geschehen spannungsgeladener. Die wehmütig-mystische Atmosphäre des Originals scheint aufgeteilt zu werden in erst eher wehmütig, dann eher mystisch.

9.3.2.5. Gegenüberstellung der Übersetzungen

Die Übersetzung Rainer Kirschs erzeugt die Grundstimmung von *scene* 2. Allerdings ist eine Abschwächung der Intensität zu verzeichnen. Barbara Honigmann verändert die Stimmung dahingehend, dass sie sie in zwei Komponenten zerlegt diese nacheinander erzeugt. Sie evoziert zwei voneinander isolierte *scenes*, wodurch mehr Spannung und Bewegung erzeugt wird als im Original.

9.3.3. Zu scene 3

9.3.3.1. Die wörtliche Ebene (Betrachtung der lexikalischen *frames*)

Es folgt wieder die Interlinearversion und speziell für diese *scene* relevante biographische Fakten:

1. Und – seltsam! – Ich habe sie überlebt.

Man kann davon ausgehen, dass hier die Weide für alle steht, die ihr lieb waren, deren Tod sie miterleben musste. Darauf verweist ein Zitat von Fritz Mierau, welches er bezüglich des "Poem ohne Held" äußert:

> Der AUTOR hatte die Tode so vieler seiner Generation zu bestehen gehabt, dass die Last der Gedächtnisse ungeheuer geworden war. Unter den jungen Toten die toten Dichter: Nikolaj Gumilev, Aleksander Blok, Velemir Chlebnikov, Vladimir Maâkovskij, Boris Pilnâk, Nikolaj Klûev, Osip Mandel'štam, Michail Bulgakov, Marina Cvetaeva . (Mierau 1988, 262).

Mierau spricht außerdem vom "Staunen über die eigene Dauer", welches auch Grundtenor dieser *scene* ist. (Mierau 1988, 262).

Das lyrische Ich wundert sich hier, dass es die Weide überlebt hat.

9.3.3.2. Die stilistische Ebene (Einbeziehung der formalen *frames*)

Formal gesehen ist diese Verszeile das Ende eines umarmenden Reims. Gleichsam bildet sie den Abschluss der Erinnerungen. Verstärkt wird dieser Eindruck durch die Verwendung des perfektiven Aspekts und den Wechsel des Handlungsträgers zurück zum lyrischen Ich. Zeit- und Agenswechsel bewirken aber auch, dass die Zeile isoliert von den vorangegangenen Versen steht. Sie stellt so gleichzeitig die Einführung zu etwas Neuem dar.

9.3.3.3. Zusammenfassung – Teilstimmung 3

Die Stimmung würde ich als tragisch-spannungsgeladen bezeichnen. Sowohl die Form als auch der Inhalt vermitteln eine Zuspitzung des Geschehens, lassen einen Höhepunkt erwarten. Formale Mittel für diese Spannungssteigerung sind vor allem die Gedankenstriche in der Zeile, die Sprechpausen kennzeichnen und wie ein Stocken des Atems wirken. Inhaltlich wirkt das Wort "seltsam" seltsam untertrieben im Zusammenhang mit einer Todesnachricht, was die Tragik verstärkt.

9.3.3.4. Vergleich des Originals mit den Übersetzungen

1. Zu Rainer Kirsch

   1. Nun, seltsam, habe ich sie überlebt.

Hier ist die Übersetzung fast die Interlinearversion. Lediglich die Umstellung von "ich" und "habe" bringt einen hier seltsam anmutenden Anflug von poetischer Sprachverwendung mit sich und eine ebenso seltsame und unmotivierte Betonung des "ich". Auch die Übersetzung des "u" mit "nun" führt zu einer Poetisierung.

Formal gesehen steht die Zeile völlig isoliert da. Vorangegangene und folgende Zeile sind durch "Quasi-Reime" mit jeweils anderen Zeilen verbunden. So kann hier wie im Original die gleichzeitig abschließende und einführende Funktion übernommen werden. Die Kommas in der Zeile übernehmen die Wirkung der Gedankenstriche im Original. Das Wort "seltsam" ist als Kontrastmittel zum Gehalt der Aussage ebenfalls erhalten geblieben.

Die Gesamtwirkung wurde gewahrt. Die unvermittelte Poetisierung der Sprache schwächt die Tragik ein wenig ab.

2. Zu Barbara Honigmann

    1. Und, sonderbar, ich hab sie überlebt.

Da bei Barbara Honigmann die *scene* – Struktur bereits verändert wurde, hier das Heute schon angefangen hatte, hat diese Verszeile keine abschließende oder einführende Funktion. Sie wirkt eher wie ein Nachtrag, wie eine Erklärung dafür, dass die Zweige nur noch als Träume wehen. Die Spannung wird allerdings gehalten. Noch wird das tragische Geschehen nicht expliziert. Der konsequent weitergeführte leichte prosaische Stil bewirkt in Verbindung mit der Wahl von "sonderbar" einen dem Original vergleichbaren krassen Gegensatz zwischen dem Was und dem Wie der Aussage. So ist die Gesamtstimmung dieser *scene* mit dem Original vom Charakter her vergleichbar, jedoch in der Funktion verschieden. Durch die Veränderungen im Vorfeld ist die *scene* hier nicht für einen Spannungsaufbau, für die Einführung von etwas Neuem verantwortlich, sondern für ein Halten der Spannung und einer leichten Spannungssteigerung durch die Wirkung des Hinhaltens, des Verzögerns der Auflösung.

9.3.3.5. Gegenüberstellung der Übersetzungen

Beide Übersetzungen geben die Wirkung des Originals wieder. Dabei gelingt es Honigmann allerdings besser, durch prosaische Mittel und entsprechende Lexikwahl den spannungserzeugenden Kontrast zwischen dem Wie und dem Was der Aussage zu erhalten. In der Funktion bezüglich der vorangegangenen *scene* steht hingegen Rainer Kirschs Übersetzung dem Original näher. Wie bereits aufgezeigt, hat das mit der gesamten *scene*-Struktur zu tun, die bei Honigmann verändert wurde.

9.3.4. Zu scene 4

9.3.4.1. Die wörtliche Ebene (Betrachtung der lexikalische *frames*)

Die Interlinearversion lautet:

    1. Dort ragt der Baumstumpf.

Blitzartig entlädt sich die in *scene* 3 aufgebaute Spannung. Man kann sich das Bild folgendermaßen vorstellen: Während des Aufleuchtens eines Blitzes wird der Baumstumpf sichtbar. Gleich darauf verschwindet er wieder im Dunkeln. Jetzt gibt es keinen Zweifel mehr – die Weide ist gefällt. Die Gewissheit ist endgültig.

9.3.4.2. Die stilistische Ebene (Einbeziehung der formalen *frames*)

Die Härte und Kürze der Wörter verstärken das Blitzartige und Brutale des Inhalts. Die *scene* ist durch ihre Kürze nur Teil eines längeren Verses. Sehr schnell wechseln in der übergeordneten Heute-*scene* die Perspektiven. Die Ereignisse scheinen sich plötzlich zu überstürzen.

9.3.4.3. Zusammenfassung – Teilstimmung 4

Die Wirkung ist niederschmetternd, brutal. Ein starkes Gefühl der Ohnmacht wird transportiert.

9.3.4.4. Vergleich des Originals mit den Übersetzungen

1. Zu Rainer Kirsch

   1. Dort ragt der Stumpf,

Inhaltlich wurde nichts verändert.

Auch lautmalerisch wurde die Kürze und Härte nachempfunden. Statt "Baumstumpf", was die wörtlich genauere Übersetzung gewesen wäre, wurde "Stumpf" gewählt. Die originale Stimmung wird präzise wiedergegeben.

2. Zu Barbara Honigmann

   1. Dort steht ihr Baumstumpf.

Auch bei dieser Übersetzung ist inhaltlich keine Auffälligkeit zu verzeichnen.

Was die Form betrifft, geht allerdings die Härte durch das lange Wort "Baumstumpf" verloren. Die Wahl von "steht" statt "ragt" macht die Sprache gänzlich unpoetisch. Barbara Honigmann hält ihren lapidaren, sachlichen Stil weiter durch, was in dieser *scene* zu einer Stimmungsveränderung führt. Statt einschlagender Härte und Brutalität, fast so etwas wie Lähmung und Apathie angesichts des klar vor Augen stehenden Unglücks.

9.3.4.5. Gegenüberstellung der Übersetzungen

Während Rainer Kirsch die Wirkung des Originals sehr präzise wiedergibt, ergibt sich bei der Übersetzung von Honigmann eine völlig andere Stimmung, die aber der durchgehenden *frame*-Gestaltung (dem Stil) der Übersetzerin entspricht.

9.3.5. Zu scene 5

9.3.5.1. Die wörtliche Ebene (Betrachtung der lexikalischen *frames*)

Hier werden neben der Interlinearversion wieder einige biographische Daten zur Erhellung des Gehalts der Aussage angeführt:

    1. mit fremden Stimmen
    2. Sprechen andere Weiden etwas.
    3. Unter unseren, unter jenen Himmeln.

Die vertraute Stimme spricht nicht mehr. Das lyrische Ich hört nur noch fremde Stimmen, so dass es den ihm vertrauten Himmel nicht mehr als den heimatlichen empfindet.

Stand die Weide für die Dichter, die Achmatova nahe standen, bedeutet das Sprechen anderer Weiden mit fremden Stimmen, dass nun andere Dichter das Wort haben, die nicht "die gleiche Sprache sprechen", deren Stimmen sie nicht versteht und die ihre Stimme nicht verstehen. So kommt sie sich in der Heimat (unter unseren [...] Himmeln) wie eine Fremde vor.

Anna Achmatova erhielt 1927 Publikationsverbot. Erst 1940, im Jahr des Erscheinens dieses Gedichtes durfte sie dem Schriftstellerverband beitreten. Was sie zu dem Zeitpunkt noch nicht wusste, vielleicht aber ahnte: Ein erneutes Berufsverbot (1946) stand ihr bevor. (Hässner 1998, 146-149).

9.3.5.2. Die stilistische Ebene (Einbeziehung der formalen *frames*)

Die *frames* von *scene* 4 standen am Anfang einer volksliedhaften vierzeiligen Strophe, die durch Kreuzreim verbunden ist, alle Geschehnisse einschließt, die im Heute angesiedelt sind. Formal fließt also alles ruhig weiter. Nachdem nun auch die abrupten Wechsel der Handlungsträger vorbei sind, kehrt wieder Ruhe ein.

9.3.5.3. Zusammenfassung – Teilstimmung 5

Als Wirkung wird ein stilles Erdulden des Schicksals, eine Ohnmacht des lyrischen Ichs vermittelt.

9.3.5.4. Vergleich des Originals mit den Übersetzungen

1. Zu Rainer Kirsch

   1. mit leisen Stimmen
   2. Reden andere Weiden fremde Worte
   3. Unter dem alten, unter unserem Himmel.

Hier wurden inhaltlich einige, scheinbar ganz unmotivierte Veränderungen vorgenommen. Dass die **Worte** fremd sind und nicht die **Stimmen**, halte ich für keine gravierende Änderung. Dafür können formale Gründe verantwortlich gemacht werden, wie sich noch zeigen wird. Der Zusatz von "leisen" ändert jedoch die Grundstimmung. Dem Schicksal wird die Unerbittlichkeit und Übermächtigkeit genommen. Das gleiche gilt für den fehlenden Kontrast zwischen "unseren" und "jenen". Die "Stimmen" wirken so recht ungefährlich. Sie sind leise und scheinen nichts zu verändern. ". Die Hinzufügung von "alten" zu "unserem" verstärkt das Gefühl der Vertrautheit. Die Verwendung der Einzahl von "Himmel" hat die gleiche Wirkung, indem sie jegliche "überirdische" religiöse Assoziation ausschließt.[4]

Auch bei Kirsch wird ein Kreuzreim angedeutet, der die letzten vier Zeilen zusammenhält: "Stimmen" - "Himmel"; "Worte" - "gestorben". Der Rhythmus der Verse ist jedoch nicht gleichmäßig, so dass keine Monotonie, kein Sich-Fügen unter ein übermächtiges Schicksal vermittelt wird. So wird im Grunde nur ausgedrückt, dass es nun auch fremde Stimmen gibt, ohne dass die Auswirkung für das lyrische Ich deutlich wird, höchsten eine verstärkte Trauer um den Verlust der Weide, da sich nun andere Stimmen Gehör verschaffen können.

2. Zu Barbara Honigmann

   1. Doch mit fremden Stimmen
   2. Reden andere Weiden irgendwas,
   3. Aber unter diesen, unter unseren Himmeln.

Inhaltlich bleibt Honigmann nahe am Text. Der Kontrast in der letzten Zeile scheint auf den ersten Blick jedoch zu fehlen. Sie wählt nicht "jenen", sondern

---

[4] Verwiesen sei auf Psalm 19, 2: "Die Himmel erzählen die Ehre Gottes, [...]." Im Russischen ist der religiöse Bezug ebenso vorhanden: "Небеса проведуют славу Божию,[...], der im Original durchaus gewollt sein kann, evtl. die Bedrohung durch das Fremde verstäken soll – es dringt in "alle Sphären".

"diesen" und verstärkt damit nur "unseren". Aufschlussreich ist die Wirkung des eingefügten "aber". Es bringt die Unerhörtheit der Tatsache zum Ausdruck, dass diese fremden Stimmen unter dem vertrauten Himmel Gehör finden. Der Kontrast zwischen Fremdheit und Vertrautheit wird also zwischen "Andere Weiden" und "unseren Himmeln" verstärkt, dafür zwischen "jenen" und "unseren Himmeln" aufgehoben. Unverständlich ist für mich der Zusatz "doch" am Anfang der *scene*. Ich sehe hier keinen Kontrast zum Baumstumpf, eher eine logische Folge der *scene* 5 aus der *scene* 4.

Von der Form her wird erstmalig auch bei Honigmann ein Reim angedeutet, der die *scene* umschließt – "Stimmen"; "Himmeln", was den inhaltlichen Zusammenhalt verstärkt. Der ansonsten sachliche Prosastil bewirkt das gleiche Gefühl von Sich-Fügen wie das feste Reimschema Achmatovas. Hier kommt die Übermächtigkeit des Schicksals und die Ohnmacht des lyrischen Ich gut zum Tragen.

9.3.5.5. Gegenüberstellung der Übersetzungen

Während es Honigmann gut gelingt, das Gefühl der Ohnmacht gegenüber den "fremden Stimmen" wiederzugeben, verliert das Schicksal bei Kirsch an Bedrohlichkeit. Was bei ihm bleibt, ist eine Atmosphäre der tiefen Traurigkeit.

9.3.6. Zur scene 6

9.3.6.1. Die wörtliche Ebene (Betrachtung der lexikalischen *frames*)

Inhaltlich schließt sich hier der Kreis, berührt das Ende den Anfang:

> 1.Und ich schweige ... als wäre ein Bruder gestorben.

Durch die Erwähnung von "Bruder" wird die Interpretation auf zweiter Ebene nahe gelegt: Die Stimme der Weide – das sind die Stimmen aller, die das lyrische Ich verstand und von denen es verstanden wurde.

In der Kindheit fühlte Achmaova sich von den Menschen unverstanden und wandte sich der Natur zu. Im Laufe des Lebens fand sie unter den Menschen Gleichgesinnte, die "ihre Sprache sprachen". Die scheinen nun aber verstummt zu sein. Erneut ist ihr die "Stimme des Menschen" "nicht lieb". Sie wird gezwungen zu schweigen, und sie will schweigen.

9.3.6.2. Die stilistische Ebene (Einbeziehung der formalen *frames*)

Hier wird die vierzeilige Strophe des Heute-*frames* abgeschlossen. Die drei Punkte in der Mitte der Zeile vermitteln die Wirkung des Abebbens von Spannung und Bewegung, des allmählichen Verstummens.

9.3.6.3. Zusammenfassung – Teilstimmung 6

Die Stimmung von *scene* 6 ist eine Verstärkung der Stimmung von *scene* 5: Bitterkeit, Ohnmacht, Apathie werden vermittelt.

9.3.6.4. Vergleich des Originals mit den Übersetzungen

1. Zu Rainer Kirsch

> 1. Ich schweige, schweig. Als wär ein Bruder gestorben.

Der Inhalt wird fast wortwörtlich wiedergegeben. Allerdings fehlt wieder das "u". Im Original scheint das "u" eine wichtige Rolle zu spielen:
In Zeile 3 unterstreicht es die Einsamkeit (И не был мил мне голос человека,).
In Zeile 7 verstärkt es die Zweisamkeit mit der Weide (И, Благодарная, она жила).
In Zeile 10 kündigt das "u" den Umschwung zur erneuten Einsamkeit an (И - странно – я её пережила.).
In der letzten Zeile bekräftigt es das "Zuviel" an Vereinsamung und Entfremdung, weshalb das lyrische Ich gänzlich verstummt (И я молчу... Как будто умер брат.). Die häufige Verwendung des "u" entspricht außerdem dem nüchtern-sachlichen Stil Achmatovas. Kirsch durchbricht die "u"- Struktur. Zweimal lässt er das "und" weg, einmal ersetzt er es durch "nun", offensichtlich in seinem Bemühen um einen künstlerisch-ästhetischen Stil.

Die Wiederholung "schweig" hat die gleiche Wirkung wie die drei Punkte des Originals. Die Vorstellung des allmählichen und schließlich endgültigen Verstummens wird somit gewahrt.

2. Zu Barbara Honigmann:

> 1.Und ich schweige ... So als wär ein Bruder mir gestorben.

Der Zusatz von "so" wie auch von "mir" scheinen je eine Funktion zu erfüllen. Das "so" verstärkt die leichtfertige, lapidare Weise des Sprechens. Damit verstärkt sich das Gefühl von Apathie. Das "mir" macht den "Bruder" noch vertrauter, den Verlust noch bitterer.

Das Aussehen der Zeile wird dem Original genau nachempfunden.

9.3.6.5. Gegenüberstellung der Übersetzungen

Beide Übersetzungen geben die Stimmung des Originals sehr getreu wieder. Honigmann hat die Wirkung der Ohnmacht und Apathie verstärkt und die Bitterkeit des Verlustes zusätzlich "in *scene"* gesetzt. Im Gegensatz zu Kirsch hat Honigmann auch die "u"- Struktur durchgehalten, was zu ihrem Prosastil und der prosaähnlichen Form passt. An einer Stelle hat sie das "u" mit "da" übersetzt, wodurch das Erzählerische der Darstellung noch klarer herausgestellt wird.

9.4. Die Ebene des künstlerischen Ganzen

9.4.1. Die Gesamt-scene des Originals – Stimmungen und Erzählfunktion

Es folgt eine schematische Darstellung der Gesamt–*scene* und damit eine Ermittlung des Stimmungsbildes. Die Einzelszenen ergaben sich aus der Zeit- und Handlungsstruktur. Die Zeitstruktur ist der Handlungsstruktur übergeordnet, denn der Wechsel des Agens findet häufiger statt als der Zeitenwechsel, aber jede Zäsur in der Zeit bedeutet auch eine Änderung in der Agensrolle. Die Vorgaben der Zeitstruktur sind also auch für die Handlungsstruktur bindend.

Als erste Stufe der Komplexität können die *scenes* somit in Zeit – *scenes* zusammengefasst werden . Die oberste Komplexitätsstufe ist dann das einheitliche Stimmungsbild. Zu jeder elementaren und komplexen *scene* werde ich die Stimmung möglichst kurz und treffend beschreiben. Da das Gedicht dem Aufbau eines Dramas entspricht, werde ich zu den Einzel-*scenes* auch jeweils die Funktion nennen, die sie für den Handlungsaufbau inne hat. Diese hängen eng mit den erzeugten Stimmungen zusammen. Außerdem können an den "Drama-Funktionen" der *scenes* auch Verlagerungen und Änderungen in den Übersetzungen erkannt werden. Für die Einschätzung der Übersetzungen bleibt letztendlich das Gesamtbild oberstes Kriterium.

Die Entstehung eines Stimmungsbildes trotz chronologischer Abfolge der geschilderten Ereignisse, das Nebeneinander von Synchronie und Diachronie entspricht genau der Geschichtsauffassung Achmatovas:

> Wie im Vergangenen das Künftige reift,
> so modert im Künftigen noch das Vergangene. (Mierau 1988, 245).

Das Verständnis des Gedichts als Ausdruck des gleichzeitigen Nach- und Nebeneinanders von Geschichte kann noch weiter ausgebaut werden:

Die Thematisierung von Gegensätzen, ihres Nebeneinanders in der Kindheit (Natur – Zivilisation; Verstandensein –Unverstandensein), ihrer tragischen

Auflösung zur Gegenwart hin, lässt Bezüge zu den vielen Polaritäten in Achmatovas Leben erkennen.

Die Sommer auf der Krim standen für Freiheit und Ungebundenheit, die Winter in Kiew für Strenge und Disziplin. (Hässner 1998, 21).

Die unmittelbare Nachbarschaft ärmlicher Hütten und der Zarenresidenz in Carskoe Selo beschrieb sie als "infernalisches Nebeneinander von äußerem Frieden und innerer Leere". Hässner 1989, 18).

In ihrem gedanklichen Spiel mit der mythologischen Figur Persephone sieht sie sich später sowohl als die Umjubelte als auch als die Missverstandene. (Hässner 1998, 99).

Die alles beherrschende Erfahrung der "Gleichzeitigkeit" von Ereignissen setzt Achmatova in "lebendige und greifbare Bilder" um. (Mierau 1988 245):

Gesamtstimmung tragisch-düster

Thema: Balance zwischen Fremdheit und Geborgenheit (*scene* 1) – Erfahren von Geborgenheit (*scene* 2) – Verlust der Geborgenheit (*scenes* 3 und 4) – Entfremdung wird mehr und mehr zum übermächtigen Schicksal, vor dem das lyrische Ich allmählich verstummt (*scenes* 4-6).

	Kindheits-*scene*	Übergangs-*scene*	Grenz-*scene*	Heute-*scene*		
Stimmung	Vermittlung eines Gefühls von Kälte und Einsamkeit, abgemildert durch das Geborgenheitsgefühl in der Natur; tragisch	wehmütig-mystisch	tragisch-spannungsgeladen	Vermittlung eines Gefühls wachsender Bitterkeit, Ohnmacht, Apathie		
	scene 1	*scene 2*	*scene 3*	*scene 4*	*scene 5*	*scene 6*
Stimmung	Vermittlung eines Gefühls von Kälte und Einsamkeit, abgemildert durch das Geborgenheitsgefühl in der Natur; tragisch	wehmütig-mystisch	tragisch-spannungsgeladen	nieder-schmetternd, brutal	Vermittlung einer Haltung des Sich-Fügens	Vermittlung eines Gefühls von Bitterkeit, Ohnmacht, Apathie
Erzähl-funktion	Einführung des lyrischen Ichs (**Exposition**)	Einführung der Weide als Gegenüber, Vertrautes des lyrischen Ichs (**Exposition**)	Das Vertraute ist nicht mehr da. Abschluss der Erinnerung; Einführung der Gegenwart (**Spannungssteigerung**)	endgültige Gewissheit des Verlustes (**Höhepunkt**)	Einführung der fremden Weiden als bedrohliches Schicksal (**fallende Handlung**)	Bildung eines Handlungsrahmens; Keine Stimme ist mehr „lieb"; *Schweigen*; *Einsamkeit* (**Katastrophe**)

Spontan war von mir ein Stimmungsbild aufgebaut worden, dass ich folgendermaßen beschrieb:

Die Gesamtstimmung empfinde ich sehnsuchtsvoll-melancholisch und emotional stark bewegt, voll zutiefst gefühlter Einsamkeit. Die Emotionen des lyrischen Ichs äußern sich in meiner Vorstellung durch heftige körperliche Regungen und durch Weinen. Die assoziierten emotionalen Äußerungen (Weinen und Bewegen) beinhalten für mich eine Art Hoffnung inmitten des Leides; sie sind Hinweis auf Leben.

Das objektivierte Stimmungsbild fällt wesentlich negativer auf. Hier bestätigt sich das, was ich als Fazit für das Objektivieren herausgestellt hatte. Durch die eingehende Beschäftigung mit dem Inhalt, den lexikalischen *frames*, konnte mir die Gewichtigkeit der Aussage in ihrer ganzen Tragik bewusst werden. Auch wurde ich für das **Nacheinander** des Geschehens sensibilisiert, für die Verschlimmerung der seelischen Verfassung des lyrischen Ichs, die zum gänzlichen Verstummen führt. Dadurch nahm ich nicht mehr so stark die **Gleichzeitigkeit** von Schweigen, Wehen der Zweige und Reden der anderen Weiden wahr, was mir ein Gefühl von Lebendigkeit und Bewegtheit vermittelt hatte.

Durch die stärkere Wirkung des Inhalts trat die Wirkung der Form in den Hintergrund. Ihre Leichtigkeit und Schlichtheit konnte also nicht mehr in so starkem Maße eine Abmilderung der tragischen Stimmung bewirken, kam daher eher als Kontrastmittel zur Geltung.

Auch bei den Übersetzungen erfuhren die spontanen Stimmungsbilder Veränderungen, auf die ich hier aber nicht im Einzelnen eingehen werde. Zusammenfassend wird erkennbar, dass die Modifikation der Gesamt-*Szene* des Originals durch die Konzentration auf den Inhalt und das verstärkte Hinzukommen enzyklopädischen Wissens bewirkt wurde, die Modifikation der Gesamt-*scenes* der Übersetzungen hingegen durch Konzentration auf die Form und durch Relativierung der individuellen Vorerfahrungen und psychischen Dispositionen.

Hier zeigt sich das Phänomen oder auch die logische Tatsache, dass der *scene*-Aufbau nie abgeschlossen ist, immer wieder durch Hinzukommen von Informationen, aber auch durch wiederholtes Lesen und intensives Befassen mit einem Text verändert werden kann.

9.4.2. Die Gesamt-scene der Übersetzung von Rainer Kirsch im Vergleich zum Original

Übersummativität, eine Eigenschaft von Texten, bedeutet die Konzentration auf die Struktur des Ganzen. Das heißt:

> dass gerade bei Änderungen, die sämtliche Teile eines Ganzen treffen (Austausch des Materials, Versetzung in andere Sinnes- oder Seinsgebiete) seine Eigenart erhalten bleibt, falls dabei die Struktur des Ganzen, d.h. die Maßverhältnisse und Lagebeziehungen zwischen den Teilen (und [...] ihre Funktionen), erhalten bleiben. (Flick 1996, 123).

Die Übersetzung ist solch eine Änderung, bei der die Eigenart des Ganzen erhalten bleiben soll. Entsprechend dieses Ziels erfolgt ihre Einschätzung.

Die Einteilung in *scenes* und die jeweiligen Erzählfunktionen sind bei Rainer Kirsch gleich geblieben. Die Wirkung der einzelnen *scenes* und damit auch der Gesamt-*scene* hat sich jedoch etwas verändert. Die veränderten Teilstimmungen sind mit einem Sternchen gekennzeichnet.

**Gesamtstimmung
traurig-hoffnungslos**

Thema: Aufzählen guter und schlechter Erinnerungen (*scene* 1) – Hervorheben der schönen Erinnerungen (*scene* 2) – Das Schöne / Vertraute ist endgültig verloren (*scenes* 3 und 4) – Einsamkeit, nicht so sehr Entfremdung, wird mehr und mehr zum übermächtigen Schicksal, vor dem das lyrische Ich allmählich verstummt (*scenes* 4-6).

	Kindheits-scene*	Übergangs-scene*	Grenz-scene*	Heute-scene		
Stimmung	Vermittlung eines Gefühls von Kälte und Einsamkeit und eines Geborgenheitsgefühls; traurig-sentimental statt tragisch	mystisch; weniger wehmütig	spannungsgeladen; weniger tragisch	Vermittlung eines Gefühls wachsender Bitterkeit, Ohnmacht, Apathie		
	scene 1*	*scene 2**	*scene 3**	Scene 4	*scene 5**	*scene 6*
Stimmung	Vermittlung von Kälte und Einsamkeit und eines Geborgenheitsgefühls; traurig-sentimental statt tragisch	mystisch; weniger wehmütig	spannungsgeladen; weniger tragisch	Nieder- schmetternd, brutal	Eine Stimmung tiefer Traurigkeit überlagert die im Original vermittelte Haltung des Sich-Fügens.	Vermittlung eines Gefühls von Bitterkeit, Ohnmacht, Apathie
Erzähl- funktion	Einführung des lyrischen Ichs (**Exposition**)	Einführung der Weide als Gegenüber, Vertrautes des lyrischen Ichs (**Exposition**)	Das Vertraute ist nicht mehr da. Abschluss der Erinnerung; Einführung der Gegenwart (**Spannungs- steigerung**)	Endgültige Gewissheit des Verlustes (**Höhepunkt**)	Einführung der fremden Weiden als bedrohliches Schicksal (**fallende Handlung**)	Bildung eines Handlungsrahmens; Keine Stimme ist mehr „lieb", Schweigen; *Einsamkeit* (**Katastrophe**)

Bei der Einschätzung der Übersetzung gehe ich von den von mir formulierten drei wesentlichen Aufgaben einer Übersetzungskritik aus: Es muss ein Interpretationsrahmen abgesteckt werden, um entscheiden zu können, ob die Interpretation, die die Übersetzung präsentiert, in diesem Rahmen liegt; die Angemessenheit der Übersetzung für den vorliegenden Übersetzungszweck soll überprüft werden; schließlich soll die Eignung des Gedichtes für diesen Übersetzungszweck eingeschätzt werden.

Den Interpretationsrahmen stellt hier das Ganze, das ermittelte Stimmungsbild dar.

Bei der Übersetzung Rainer Kirschs konnte ich, allerdings mit mehr Mühe als beim Original, ebenfalls eine Gesamtstimmung ermitteln. Das Aufbauen einer kohärenten *scene* wurde hier durch formale Mittel gestört. Die rhythmische und metrische Gestaltung ist teilweise nicht nachvollziehbar, was sich für mich daran zeigte, dass ich Probleme hatte, mich auf eine Vortagsweise festzulegen, mir im Einzelnen unklar war, wo Sprechpausen gesetzt werden müssen. Auch wirkte die Rede leicht "holperig" – der Rhythmus störte den Redefluss, ebenso der inkonsequente Sprachstil, auf den schon mehrfach hingewiesen wurde. Hier bestätigt sich, wovor Vermeer gewarnt hat, dass durch eine zu ausschließliche Konzentration auf die *frames* des Originals und die Möglichkeiten ihrer Wiedergabe in der Übersetzung die *scene*-Bildung nicht genügend beachtet wird, was häufig zu inkohärenten *scenes* führt. (Vermeer 1990, 70).

Die ermittelte Gesamtstimmung, d.h. die Art der Induzierung von Erfahrungen und Gefühlen weicht von der im Original ermittelten ab. Veränderungen in den Einzel-*scenes* wirken sich auf die komplexeren Zeit-*scenes* und schließlich auf das Gesamtstimmungsbild aus. So wird die Tragik in *scene* 1 abgemildert (Fehlen des Kontrastes zwischen dem Was und dem Wie der Mitteilung), ebenso in *scene* 3 (Poetisierung der Sprache). Durch Abschwächung der Wehmut in *scene* 2 büßt die Gesamtstimmung ebenfalls an Tragik ein. Die Veränderungen in *scene* 5 bringen die Vermittlung eines Gefühls von tiefer Traurigkeit stärker ins Spiel. Die im Original ausgedrückte Bedrohlichkeit durch das Fremde tritt dabei in den Hintergrund. Dadurch und durch das Abschwächen der Tragik insgesamt wird auch die Düsterkeit der Originalstimmung aufgehoben. Die tragische Stimmung wandelt sich so in eine traurige Stimmung. Die Düsterkeit wird zu einem schlichteren Gefühl der Hoffnungslosigkeit.

Der Zweck einer Übersetzung nach Kirsch, die Wiedergabe der poetischen Mitteilung (Gedanken + Haltung) ist nur teilweise erreicht worden. Die **Gedanken** des Originals wurden gewahrt. Die **Haltung** des lyrischen Ichs **zur Welt** (hier gleichzusetzen mit dem ermittelten Stimmungsbild) wurde verändert. Die **Haltung zur Sprache** (der Einsatz formaler Mittel) wurde im Großen und Ganzen durch Verwendung äquivalenter Verfahren im Deutschen wiedergegeben. Die

Konzentration auf formale Mittel ging teilweise auf Kosten der ganzheitlichen Wirkung des Gedichtes (siehe zeitweilige Poetisierung).

Generell ist der von Kirsch beschriebene Übersetzungszweck dem Gedicht angemessen. Achmatova geht es in ihren Gedichten sehr um den Gehalt der Aussage, um die **Gedanken**. Sie verwendet einen sachlichen prosaähnlichen Stil.[5] Überhaupt kann man von russischen Dichtern der Gegenwart sagen, dass Ihnen "der Ernst der Aussage" wichtiger ist, für ihn höher steht, als "die Originalität der Form". (Borowsky 1994, 41).

Dass es ihnen nicht um Originalität der Form geht, heißt aber dennoch nicht, dass es ihnen überhaupt nicht um Form geht. Es wurde deutlich, dass im Original sehr oft die Form für die Erzeugung von Stimmungen, für den Ausdruck der **Haltung** verantwortlich war, was ebenso ein Anliegen Achmatovas ist. Entsprechend des Programms der Akmeisten geht es ihr um die Erzeugung von Bildern / Stimmungen.

Von meinen Übersetzungsnormen ausgehend, die ich, wie das gefordert wird, bereits expliziert habe (Gesamt-*scene* als Interpretationsrahmen) halte ich die Übersetzung für nicht sonderlich gelungen. Die Gesamtstimmung wurde verändert, ihr Aufbau gestört. Auch seinen eigenen Übersetzungsnormen konnte Kirsch nicht gerecht werden.

Diese Einschätzung erfolgt im Bewusstsein dessen, dass sowohl Original als auch Übersetzung Interpretationsangebote sind, die von anderen Lesern und Übersetzern anders eingeschätzt werden können, und dass *scenes* ständig modifiziert werden (channel amplification), ich selbst auch mein jetziges Ergebnis nicht als endgültig hinstellen kann.

9.4.3. Die Gesamt-scene der Übersetzung von Barbara Honigmann im Vergleich zum Original

Hier wurde die *scene*-Struktur leicht verändert und auch die Erzählfunktionen, außerdem die Wirkungen einzelner *scenes*. Die Gesamtstimmung konnte trotzdem gewahrt bleiben. Problematisch fand ich die Wahl bestimmter *frames* ("buntbestickt"), die für mich den *scene*-Aufbau erschweren. Auch die Unterbrechung der chronologischen Abfolge an einer Stelle kann beim Lesen zu Irritationen führen.

---

[5] Prosastil bezieht sich bei Achmatova auf Lexikwahl und Sprachverwendung. Bei Barbara Honigmann ist der Prosastil noch ausgeprägter und schließt auch die Form mit ein.

Gesamtstimmung tragisch-düster

Thema: Balance zwischen Fremdheit und Geborgenheit (*scene* 1) – Erfahren von Geborgenheit (*scene* 2.1.) – Andeutung des Verlustes, Aufbau einer Vorahnung durch Vorgriff auf die Gegenwart (*scene* 2.2.) – Verlust der Geborgenheit (*scenes* 3 und 4) – Entfremdung wird mehr und mehr zum übermächtigen Schicksal, vor dem das lyrische Ich allmählich verstummt (*scenes* 4-6).

	Kindheits-*scene*	Übergangs-*scene*	Heute-*scene*	Zwischen-*scene*	Heute-*scene*		
Stimmung	Vermittlung eines Gefühls von Kälte und *Einsamkeit*, abgemildert durch das Geborgenheitsgefühl in der Natur; tragisch	wehmütig	Mystisch	tragisch-spannungsgeladen	Vermittlung eines Gefühls wachsender Bitterkeit, Ohnmacht, Apathie		
	scene 1	*scene* 2.1.	*scene* 2.2	*scene* 3	*scene* 4*	*scene* 5	*scene* 6*
Stimmung	Vermittlung eines Gefühls von Kälte und *Einsamkeit*, abgemildert durch das Geborgenheitsgefühl in der Natur; tragisch	wehmütig	Mystisch	tragisch-spannungsgeladen	Vermittlung eines Gefühls der Lähmung statt von Brutalität	Vermittlung einer Haltung des Sich-Fügens	Vermittlung eines Gefühls von Ohnmacht, Apathie und vor allem Bitterkeit
Erzählfunktion	Einführung des Lyrischen Ichs (Exposition)	Einführung der Weide als Gegenüber, Vertrautes des lyrischen Ichs (Exposition)	Beschreibung der Wehenden Zweige im Traum; Vorgriff auf Die Gegenwart (**Spannungssteigerung**)	Das Vertraute ist nicht mehr da. Nachtrag (**Spannungssteigerung**)	endgültige Gewissheit des Verlustes (**Höhepunkt**)	Einführung der fremden Weiden als bedrohliches Schicksal (**fallende Handlung**)	Bildung eines Handlungsrahmens; keine Stimme ist mehr „lieb"; Schweigen; *Einsamkeit* (**Katastrophe**)

Komme ich nun zur Einschätzung der Übersetzung von Barbara Honigmann. Dass Einzelstimmungen nicht erhalten wurden, das Stimmungsbild (mit Abstrichen an der Kohärenz) trotzdem gewahrt blieb, zeigt deutlich den Charakter der Ganzheit eines Gedichtes. Die isolierte Funktion entspricht nicht der Funktion im Ganzen.

Während Kirsch nun auch die als Hauptfunktion herausgestellte Erzeugung einer tragisch-düsteren Stimmung verändert hat, konnte sie Honigmann wahren. Bereits in den komplexeren Zeit-*scenes* sind die Veränderungen, die sie in den Einzel-*scenes* vorgenommen hat, nicht mehr nachweisbar. Die Zerlegung der zweiten Teil-*scene,* somit ein aufeinanderfolgendes statt gleichzeitiges Erzeugen zweier Stimmungen betrachte ich als Funktionsverlagerung. Die wehmütige Stimmung, die zur Tragik beiträgt, bleibt erhalten, ebenso die mystische Stimmung, die zur Düsterkeit beiträgt.

Hier liegt die Übersetzung im Interpretationsrahmen.

Auch der angenommene Übersetzungszweck, die Übermittlung vor allem einer Botschaft an den deutschen Leser, wurde erreicht.

Eine bloße Inhaltsvermittlung sollte nicht Zweck einer Gedichtübersetzung sein. Doch geht die Botschaftsübermittlung einher mit der Vermittlung eines Stimmungsbildes, was vermutlich eher unbewusst geschehen ist. Durch den konsequent durchgehaltenen sachlichen und einfachen Prosastil uns die prosaähnliche Gedichtform hat Honigmann im Grunde das erreicht, was Achmatova durch die konsequent durchgehaltene klassisch-lyrische Form erreicht hat. Dabei entspricht das Verhältnis des heutigen russischen Lesers zur klassischen Gedichtform durchaus dem Verhältnis des heutigen deutschen Lesers zu freien Versformen.

Ich würde die Übersetzung als gelungen bewerten, mit der Einschränkung, dass bestimmte *frames* und der Bruch in der Zeitenfolge bei manchen Lesern zu Irritationen beim *scene*-Aufbau führen können.

Im Vergleich zu Rainer Kirsch, der mitunter urplötzlich zu poetisch anmutender Sprachverwendung wechselt und keinen einheitlichen Stil aufweist, wird die Wichtigkeit der von Junkes-Kirchen geäußerten Forderung an einen Übersetzer deutlich – ein Übersetzer solle nicht nur die Fähigkeit haben, zu objektivieren, sondern auch eine hohe stilistische Begabung. (Junkes-Kirchen 1988, 65).

10. Schlussbemerkung

Erinnern wir uns daran, was als Einleitung zu den Aufgaben einer Übersetzungskritik im Bereich der Lyrik gesagt wurde: dass ein detailliert ausgearbeitetes Analysemodell nur für den jeweiligen Text Gültigkeit hat; dass die Singularität eines literarischen Textes ansonsten lediglich allgemeine, weitgefasste Orientierungslinien, eine Art methodischen Rahmen zulässt. Ein solches Modell setzt sich also aus wenigen allgemeingültigen und vielen gegenstandsbezogenen Komponenten zusammen. Methoden für die Ermittlung von Wirkungsäquivalenz, der Messung induzierter Erfahrungen und Gefühle, wie sie für Gedichtübersetzungen benötigt werden, leite ich aus der "scenes-and-frames"-basierten Übersetzungstheorie ab. Was ist nun allgemeingültig und was spezifisch an dem von mir entwickelten Modell?

Anspruch auf Allgemeingültigkeit erhebt das Arbeiten mit *scenes* und *frames*, da es bei Gedichtübersetzungen um die Vermittlung eines Stimmungsbildes geht. Übertragbar ist also, dass zuerst die einzelnen *scenes* des Originals herausgearbeitet und ihre Funktionen / Wirkungen einzeln und dann im Ganzen erfasst werden. Auf diese Weise erfolgt die Ermittlung einer Gesamtstimmung, d.h. eines Stimmungsbildes. Die Gesamtstimmung bildet den Interpretationsrahmen. Von diesem Rahmen ausgehend werden nun die *frames* und auch der Gesamt-*frame* beurteilt, mit denen einzelne *scenes* und die Gesamt-*scene* in der Übersetzung kodiert wurden. Die horizontale Gliederung der *scenes*, ihre zunehmend komplexere Betrachtung ist ebenfalls übertragbar. Sie entspricht den Erfassungsebenen von Gedichten

Spezifisch ist die Art der Ganzheit dieses Gedichtes, sind die Strukturen, die die Teil-*scenes* voneinander isolieren. Das Gedicht wird von zeitlicher Progression, dem Wechsel der Handlungsträger und den sich daraus ergebenden Stimmungen strukturiert.

Das Urteil einer solchen Übersetzungskritik ist "relativ und muss es sein". (Reiß 1971, 114). Objektiv kann sie nur im Sinne von nachvollziehbar sein. Wesentlich dabei ist die Verdeutlichung der persönlichen Übersetzungsauffassungen von Kritiker und Übersetzer. Bei meiner Übersetzungskritik habe ich mich bemüht, durch entsprechende Ausführlichkeit und Explizitheit diese Nachvollziehbarkeit zu erreichen.

Trotz aller Bemühungen bei der Erarbeitung von Modellen für die Übersetzungskritik im Bereich der Lyrik wird es wohl dennoch bei dem bleiben, was Dedecius so pessimistisch formuliert hat:

> Um die Theorie der Übersetzung als Kunst ist es schlecht bestellt.[...]. Es gibt vereinzelte Versuche, aber es gibt kein endgültiges Raster, schon gar nicht einen zuverlässigen Halt für den Übersetzer und seinen Kritiker. (Dedecius 1986, 140).

Ich würde das neutral formulieren: Mit der Theorie der Übersetzung als Kunst ist das so eine Sache... Und das liegt wohl einfach in der "Natur der Sache".

Literaturverzeichnis

Achmatova, Anna (1988): Vor den Fenstern Frost. Gedichte und Prosa. Berlin: Friedenauer Presse.

Achmatova, Anna (1988): Iva. In: Poem ohne Held. Hg. v. Fritz Mierau. Leipzig: Verlag Philipp Reclam jun. S.24.

Albrecht, Jörn (1998): Literarische Übersetzung. Darmstadt: Wissenschaftliche Buchgesellschaft.

Arrojo, Rosemary (1997): Eine neue Auffassung von "Treue". In: Übersetzungswissenschaft in Brasilien. Hg. v. Michaela Wolf. Tübingen: Stauffenburg Verlag. S.43-48.

Benjamin, Walter (1955): Die Aufgabe des Übersetzers. In: Schriften. Hg. v. Theodor W. Adorno und Gretel Adorno. Frankfurt a. Main: Suhrkamp. S. 40-54.

Benn, Gottfried (1968): Probleme der Lyrik. In: Gesammelte Werke in acht Bänden. Hg. v. D. Wellersdorf. Bd.4. Wiesbaden: Limes-Verlag.

Borowsky, Kay (1983): vgl. unter: Russische Lyrik.

Borowsky, Kay (1993): vgl. unter: Und nun ist das Wort aus Stein gefallen.

Burdorf, Dieter (1995): Einführung in die Gedichtanalyse. Stuttgart, Weimar: Verlag J.B. Metzler.

Bußmann, Hadumod (1990): Lexikon der Sprachwissenschaft. Stuttgart: Alfred Kröner Verlag.

Čukovskij, Kornej (1988): Anna Achmatova. In: Poem ohne Held. Hg. v. Fritz Mierau. Leipzig: Verlag Philipp Reclam jun. S. 230-258.

Dedecius, Karl (1986): Vom Übersetzen. Frankfurt am Main: Suhrkamp Verlag.

Duden. Fremdwörterbuch. Hg. v. Wissenschaftlichem Rat der Dudenredaktion. 5. Auflage. Mannheim: Brockhaus AG 1990.

Etkind, Efim (1984): Russische Lyrik von der Oktoberrevolution bis zur Gegenwart. München: Verlag C. H. Beck.

Fitzek, Herbert (1996): Gestaltpsychologie. Geschichte und Praxis. Darmstadt: Wissenschaftliche Buchgesellschaft.

Gumilev, Nikolaj (1989): Zabytaâ kniga. Stichi, Pisma o Russkoj Poezii. Moskau: Chudožestvennaâ Literatura.

Hässner, Wolfgang (1998): Anna Achmatova. Reinbek bei Hamburg: Rowohlt.

Hijiya-Kirschnereit, Irmela (1988): Das Ende der Exotik. Zur japanischen Kultur und Gesellschaft der Gegenwart. Frankfurt a.M.: es 1466 NF 466.

Honigmann, Barbara (1999): Damals, dann und danach. München, Wien: Carl Hanser Verlag.

Jakobson, Roman (1972): Linguistik und Poetik. In: Literaturwissenschaft und Linguistik. Hg. v. Jens Ihwe. Bd. 1. Frankfurt am Main: Athenäum Fischer Taschenbuch Verlag. S.99–135.

Junkes-Kirchen, Klaus (1988): T.S. Eliots The Waste Land Deutsch: Theorie und Praxis einer Gedichtübersetzung nach literatur- und übersetzungswissenschaftlichen Gesichtspunkten. Frankfurt am Main: Verlag Peter Lang.

Kirsch, Rainer (1988): Die Weide. In: Poem ohne Held. Hg. v. Fritz Mierau. Leipzig: Verlag Philipp Reclam jun. S.25.

Kirsch, Rainer (1976): Das Wort und seine Strahlung. Über Poesie und ihre Übersetzung. Berlin und Weimar: 1976.

Kuzmina, Elena (1993): Anna Achmatova. Ein Leben im Unbehausten. Berlin: Rowohlt.

Liedtke, Frank (1997): Übersetzen in funktionaler Sicht. In: Linguistik und Literaturübersetzen. Hg. v. Rudi Keller. Tübingen: Gunter Narr Verlag. S.17-33.

Lurker, Manfred (1991): Wörterbuch der Symbolik. Stuttgart: Alfred Kröner Verlag.

Mierau, Fritz (1988): Anmerkungen. In: Poem ohne Held. Hg. v. Fritz Mierau. Leipzig: Verlag Philipp Reclam jun. S.268-297.

Mierau, Fritz (1988): Gedächtnisse. In: Poem ohne Held. Hg. v. Fritz Mierau. Leipzig: Verlag Philipp Reclam jun. S.259-267.

Nida, Eugene (1964): Toward a Science of Translating. With Special Reference to Principles and Procedures Involved in Bible Translating. Leiden: E. J. Bill.

Nord Christiane (1991): Textanalyse und Übersetzen. Heidelberg: Julius Groos Verlag.

Nord, Christiane (1993): Einführung in das funktionale Übersetzen. Tübingen; Basel: Francke Verlag.

Nord, Christiane (1997): So treu wie möglich?. In: Linguistik und Literaturübersetzen. Hg. v. Rudi Keller. Tübingen: Gunter Narr Verlag. S.35-61.

Pankow, Alexander (1993): Prinzipien der literarischen Übersetzungsanalyse. Umea. Department of General Linguistics, University of Umea.

Reiß, Katharina (1991): Grundlegung einer allgemeinen Translationstheorie. 2. Auflage. Tübingen: Max Niemeyer Verlag.

Reiß, Katharina (1971): Möglichkeiten und Grenzen der Übersetzungskritik. Kategorien und Kriterien für eine sachgerechte Beurteilung von Übersetzungen. München: Hueber.

Russische Lyrik. Von den Anfängen bis zur Gegenwart. Hg. v. Kay Borowsky und Ludolf Müller. Stuttgart: Reclam 1983.

Schmitt, Christian (1997): Form und rhetorische Figur als Übersetzungsproblem. In: Linguistik und Literaturübersetzen. Hg. v. Rudi Keller. Tübingen: Gunter Narr Verlag. S.141-160.

Schoeller, Olivia (2002): Die Maske der Fundamentalisten. In: Berliner Zeitung. Nr. 53 HA – 58.Jahrgang. S.1.

Snell-Hornby, Mary (1994): Die Szene hinter dem Text: "scenes-and-frames semantics" in der Übersetzung. In: Übersetzungswissenschaft. Eine Neuorientierung. Hg. v. Mary Snell-Hornby. 2. Auflage. Tübingen; Basel: Francke Verlag. S. 184-204.

Soenen, Johan (1977): Gewinn und Verlust bei Gedichtübersetzungen. In: Aachener Beiträge zur Komparatistik. Bd.3. Bonn: Bouvier Verlag Herbert Grundmann.

Stolze, Radegundis (1994): Zur Bedeutung von Hermeneutik und Textlinguistik beim Übersetzen. In: Übersetzungswissenschaft. Eine Neuorientierung. Hg. v. Mary Snell-Hornby. 2.Auflage. Tübingen; Basel: Francke Verlag. S. 133-159.

Trabant, Jürgen (1998): Artikulationen. Historische Anthropologie der Sprache. Frankfurt am Main: Suhrkamp.

Träger, Claus (1986): vgl. unter: Wörterbuch der Literaturwissenschaft.

Und nun ist das Wort aus Stein gefallen. Russische Lyrikerinnen des 20.Jahrhunderts. Hg. v. Kay Borowsky. Frankfurt a. M.: Fischer Taschenbuch Verlag 1993.

Vermeer, Hans J. (1990): Mögen Sie Zistrosen? Heidelberg: Julius Groos Verlag.

Wörterbuch der Literaturwissenschaft. Hg. v. Claus Träger. Leipzig: VEB Bibliographisches Institut 1986.

Wilpert, Gero v. (1989): Sachwörterbuch der Literatur. 7. Auflage. Stuttgart: Alfred Kröner Verlag.

Wittbrodt, Andreas (1995): Verfahren der Gedichtübersetzung. Frankfurt am Main: Europäischer Verlag der Wissenschaften.

Zima, Peter v. (1992): Komparatistik: Einführung in die vergleichende Literaturwissenschaft. Tübingen: Francke.

**TransÜD – Arbeiten zur Theorie und Praxis
des Übersetzens und Dolmetschens**

Herausgegeben von Hartwig Kalverkämper und Larisa Schippel

Band 1　Yvonne Griesel: Translation im Theater. Die mündliche und schriftliche Übertragung französischsprachiger Inszenierungen ins Deutsche. 2000.

Band 2　Susan Aderkas: Interkulturelle Bildsemiotik im Translationsprozeß. Kontrastive Analysen deutscher und spanischer Fachtexte. 2000.

Band 3　Jörn Albrecht / Hans-Martin Gauger (Hrsg.): Sprachvergleich und Übersetzungsvergleich. Leistung und Grenzen, Unterschiede und Gemeinsamkeiten. 2001.

Band 4　Mirjam Appel: Lyrikübersetzen. Übersetzungswissenschaftliche und sprachwissenschaftliche Grundlagen für ein Rahmenmodell zur Übersetzungskritik. 2004.

Ulrich Bossier

Wenn Literaten übersetzen

Molières *Misanthrope* in sieben neueren Verdeutschungen
Frankfurt am Main, Berlin, Bern, Bruxelles, New York, Oxford, Wien, 2003.
379 S.
Europäische Hochschulschriften: Reihe 13
Französische Sprache und Literatur. Bd. 266
ISBN 3-631-50345-8 · br. € 50.10*

Übersetzen Literaten unserer Zeit generell anders als Übersetzer ohne den Hintergrund einer eigenkreativen literarischen Erfahrung? Gibt es den oft behaupteten spezifisch literatenhaften Zugriff der Dichter-Übersetzer auf das Original? Diese Fragen erörtert die vorliegende Studie anhand eines repräsentativen Fallbeispiels. Sie vergleicht Molières *Misanthrope* mit sieben neueren Verdeutschungen aus Schriftstellerhand, nämlich den Versionen von R. A. Schröder, H. Weigel, W. Deichsel, K. Bartsch, H. M. Enzensberger, H. Meier und B. Strauss. Die Analyse ergibt, daß die übersetzenden Literaten die textlichen Mikrostrukturen ungeniert zum ausgedehnten Aktionsfeld ihrer Autorenkompetenz machen. Unberührt von modernen Übersetzungsidealen, die den Übersetzer zur Zurückhaltung verpflichten, bringen sie namentlich im Bereich des Sprachlich-Stilistischen ihre eigenen Schreibgewohnheiten und -attitüden ein.

Aus dem Inhalt: Ein exemplarischer Sündenfall: Enzensbergers *Menschenfeind* · Moderne Übersetzungsnormen: wie viel Subjektivität darf sein? · Der Ausgangstext: die hermeneutischen Koordinaten · Vergleich der translatorischen Vorgehensweisen: der *Misanthrope* der Schriftsteller und der *Misanthrope* der Nur-Übersetzer · Bestätigung der Dichotomie loyale Nur-Übersetzer – eigenwillige Dichter-Übersetzer · Bei allen Versionen aus Schriftstellerhand starke Konvergenz mit dem jeweiligen Eigenwerk; Schwerpunkt der Eingriffe: das Sprachlich-Stilistische

Frankfurt am Main · Berlin · Bern · Bruxelles · New York · Oxford · Wien
Auslieferung: Verlag Peter Lang AG
Moosstr. 1, CH-2542 Pieterlen
Telefax 00 41 (0) 32 / 376 17 27

*inklusive der in Deutschland gültigen Mehrwertsteuer
Preisänderungen vorbehalten
Homepage http://www.peterlang.de